VIE ET POÉSIES

DU

PRÉSIDENT RIBOUD

AVEC LE CATALOGUE DE SES OUVRAGES

ET UNE GÉNÉALOGIE

PAR

PHILIBERT LE DUC.

Nec avitas præterit umbras.

Ov.

BOURG,

IMPRIMERIE DE MILLIET-BOTTIER.

1862.

VIE.

LE PRÉSIDENT RIBOUD.

Avertissement.

J'ai dit simplement ce qu'a été mon aïeul, ce qu'il a fait, ce qu'il a écrit. Un récit fidèle suffit à sa gloire. Je me suis abstenu d'éloges enthousiastes et je n'ai accueilli qu'avec réserve les paroles d'admiration de ses deux premiers biographes.

Pendant sa longue carrière administrative, judiciaire et politique, sa conduite ayant été constamment honorable, les liens du sang n'ont eu à m'imposer ni altérations de faits ni réticences. On peut donc me lire avec confiance.

Au lieu de nuire à la vérité, l'esprit de famille me l'a fait rechercher avec soin. Aussi trouvera-t-on dans cette biographie plus d'ordre, plus de détails que dans les précédentes. J'ai même touché des points inexplorés, tels que la fin de la vie publique de mon aïeul et la fin de sa vie littéraire.

PH. L.

VIE DU PRÉSIDENT RIBOUD.

> M. Riboud n'est plus, mais la
> trace de ses pas sur le sol qui l'a
> vu naître n'est point effacée ; elle
> sera durable.
>
> GABRIEL DE MOYRIA.
>
> Il a rendu de grands services
> à notre pays comme magistrat
> et archéologue.
>
> DE LATEYSSONNIÈRE.

I.

Si j'avais plus de loisirs, je compulserais le
journal sur lequel Thomas Riboud notait les
principaux actes de sa vie publique et privée ; je
couvrirais ma table de ses ouvrages, de ses manuscrits, de sa correspondance ; j'exhumerais des
rayons de ma bibliothèque les livres consacrés à
la Bresse ; et, au milieu de ces précieux éléments
de travail, recueillant mes souvenirs et ceux de
ma famille, j'écrirais la vie détaillée de cet homme
multiple, dont l'intelligence élevée brilla tour à
tour au palais et à la tribune, dont la plume

féconde passait avec facilité de la science à la littérature, et dont la pensée active pouvait embrasser les grands intérêts du siècle, sans oublier son pays.

Ecrite ainsi, la vie de Thomas Riboud ne serait pas seulement un hommage rendu à sa mémoire, ce serait aussi l'histoire politique et littéraire de notre département, depuis le règne de Louis XVI jusqu'à la Restauration; car il fut presque toujours mêlé aux affaires publiques et ne cessa de donner l'impulsion à tous les genres d'étude.

Obligé d'ajourner cette œuvre de prédilection, je veux du moins faire connaître à la génération présente l'auteur des poésies que je publie. Je n'esquisserai pas sa vie avec autant de talent que les deux biographes qui m'ont précédé (1), mais les nombreux documents dont je dispose me permettront de grouper les faits et les dates d'une manière plus précise et plus complète.

_____

(1) M. Garadoz. *Journal de la Soc. d'Emul. de l'Ain*, année 1835; — M. Milliet, *Album de l'Ain*, année 1838, et *Biographie des hommes célèbres du dép. de l'Ain.* — Je ne parle pas d'une troisième notice, trop brève et quelque peu erronée, qui se trouve au tome 79ᵉ de la *Biographie universelle.*

II.

THOMAS-PHILIBERT RIBOUD, magistrat, législateur, archéologue et membre correspondant de
l'Institut, l'un des hommes remarquables de la
Bresse, naquit à Bourg le 24 octobre 1755, la
même année que Brillat-Savarin, l'honneur du
Bugey.

Son père, M. Riboud des Avinières, était officier
de l'Election, c'est-à-dire juge en matière d'impôts. Son grand-oncle et son aïeul paternels
avaient été successivement syndics généraux du
Tiers-Etat de Bresse. Plus anciennement il avait
eu dans sa famille un juge-mage de Bresse et un
député aux Etats-Généraux. Enfin, d'après un
titre récemment découvert, il comptait parmi ses
ancêtres, selon toute apparence, un chevalier
Riboud (Philippus Riboudi miles) qui vivait en
1303 (1). — Une chapelle, portant l'inscription
de *chapelle Ribod* (2), existait encore au siècle

(1) Voy. diverses notes sur les ascendants de Thomas Riboud
dans mon volume : *Papiers curieux d'une famille de Bresse.*

(2) Riboudi, Ribod, Riboud, sont les formes successives du
même nom. Aujourd'hui encore on prononce en patois Ribod
pour Riboud.

dernier dans l'église d'Oussiat près Pont-d'Ain.
Guichenon a plusieurs fois cité le nom de Ribod
et l'a inscrit dans l'*Indice armorial* de son *Histoire
de Bresse et Bugey.*

III.

Thomas Riboud termina ses études avant seize
ans, chez les Oratoriens de Beaune, et, avant
dix-neuf, il fut reçu avocat au parlement de
Dijon, puis au bailliage de Bresse.

De 1776 à 1779 il fit partie du barreau lyonnais.
La facilité de sa parole et l'agrément de son esprit
lui gagnèrent bientôt l'estime et l'affection de ses
confrères. Il se lia particulièrement avec Delandine, Gerson et Geoffroy. Aidé de leur concours,
il forma en 1778 la Société littéraire de Lyon qui
subsiste encore (1). Il y lut divers essais de prose
et quelques poésies.

Pourvu, à vingt-quatre ans, avec dispense
d'âge, de l'office de procureur du roi au présidial
de Bresse, il revint à Bourg et montra, dans ses
discours solennels comme dans ses réquisitoires,
les qualités solides du magistrat.

(1) **Voyez mon opuscule :** *Thomas Riboud et la Société littéraire de Lyon.*

Ses opinions politiques se déclarèrent à l'assemblée générale du Tiers-Etat de la province,
tenue les 23 et 24 avril 1781. Elles étaient
déjà empreintes de ce patriotisme éclairé qui le
préserva constamment des écarts.

Trois mois après il ajouta le sérieux du mariage
à sa position honorable; il épousa dans les premiers jours d'août (son contrat est du 4) Marie-
Catherine Rocoffort, fille d'un riche négociant
de Lyon.

IV.

A vingt-huit ans, il fut nommé subdélégué de
l'intendant de Bourgogne en Bresse, et, soit à ce
titre, soit comme procureur général syndic, il
eut en ses mains l'administration du pays depuis
1783 jusqu'en 1791.

Pendant ces huit années, il déploya une merveil-
leuse activité d'esprit, pour suffire à ses doubles
fonctions de procureur du roi et de subdélégué,
qu'il exerça simultanément jusqu'en 1790. Les
heures que l'on donne aux plaisirs et au sommeil
lui permirent de continuer ses excursions dans
le domaine de la littérature et des sciences. Son
recueil de notes sur la physique et l'histoire

naturelle, commencé en 1779, ne fut pas interrompu. Il s'occupa de poésie jusqu'en 1784.

L'année précédente, il avait fondé la Société
d'Emulation de Bourg-en-Bresse, aujourd'hui
Société impériale d'Emulation de l'Ain. C'est à
tort qu'on a fait honneur de cette fondation à
Lalande, en la considérant comme une résurrec-
tion de la Société fondée en 1755 par l'illustre
astronome. La Société de 1755 fut éphémère. Elle
était complètement oubliée, lorsque mon aïeul
organisa la Société d'Emulation (1). La plupart
des écrits qu'il lut aux premières séances de cette
assemblée furent insérés dans le *Journal des
Savants,* dans le *Journal de Physique* et dans les
Mémoires de l'Académie de Dijon. Il fut bientôt en
rapport avec les hommes distingués de l'époque,
et diverses Académies s'empressèrent de lui en-
voyer le diplôme de correspondant.

En 1785, il publia l'*Eloge d'Agnès Sorel,* « cette
« femme au cœur vraiment français, qui réveilla
« l'âme engourdie de Charles VII. »

En 1787, il ouvrit l'assemblée générale du
Tiers-Etat par un discours qui fut vivement

_____

(1) Voyez la preuve de cette assertion dans mon opuscule :
L'Eglise de Brou et la Devise de Marguerite d'Autriche.

applaudi *(Discours sur l'administration ancienne et moderne de la Bresse)*. Le conseil du Tiers-Etat pria l'orateur d'accepter 600 livres « comme « une marque légère de la reconnaissance de la « province pour l'indemniser des frais d'impres- « sion. »

Le 23 mai 1789, les trois ordres du bailliage de Bresse se réunirent à Bourg pour répondre à la convocation des Etats-Généraux. Th. Riboud prononça deux discours, l'un à l'ouverture, l'autre à la clôture de l'assemblée. A cette époque où les esprits commençaient à fermenter, il sut garder une sage mesure, tout en demandant la réforme des abus.

V.

Nommé par l'assemblée électorale procureur général syndic du département de l'Ain, au mois de mai 1790, il sembla « se multiplier lui-même, « dit un biographe (M. Garadoz). On le vit se « porter rapidement partout où le besoin et le « danger l'appelaient. Maintenir l'ordre et veiller « à la sûreté publique, au milieu du bruit de la « chûte des lois anciennes, arrêter dans un temps « de disette les menées de l'avarice et de la « malveillance, toujours ardentes à user de la

« misère publique, au profit de leurs intérêts et
« de leur ambition, assurer les subsistances sans
« nuire à la liberté du commerce, organiser
« l'ordre social tout entier dans le département
« sur les bases posées par la nouvelle constitu-
« tion ; tel est l'immense travail qui pesait en
« partie sur M. Riboud, et ses proclamations,
« ses discours, ses rapports témoignent qu'il ne
« faillit point aux besoins de l'époque. Aucun
« plan, aucune mesure, aucun moyen d'organi-
« sation ne fut adopté sans sa coopération. »

Dans son dévouement au bien public, il n'oublia
pas les sciences, les lettres et les arts. Il obtint
de l'administration de la province la formation
d'un beau cabinet de physique, et, plus tard,
secondé par le Directoire et la députation du
département, il créa la bibliothèque de Bourg
avec celles des chartreuses et autres maisons
religieuses, dont les livres allaient être mis aux
enchères, et sauva d'une destruction imminente
notre belle église de Brou, qui fut déclarée
monument national (1).

. (1) Voyez mon opuscule déjà cité : *L'Eglise de Brou et la
Devise de Marguerite a'Autriche.*

VI.

Envoyé à l'Assemblée législative qui tint sa première séance le 1er octobre 1791, il y figura comme membre du comité de l'instruction publique. Ce n'était pas une sphère qui convînt à ses idées d'ordre et de modération. Il n'avait accepté son mandat qu'avec répugnance et à la suite des instances les plus vives. *Alea jacta est,* avait-il écrit sur son journal.

Libre de tout engagement de parti, ne se laissant diriger que par sa conscience, il vota toujours contre les mesures démagogiques et partagea les dangers qui menacèrent, après le 10 août, les deux tiers de ses collègues. Il ne quitta Paris qu'après la clôture de l'assemblée. Mme Riboud, qui se trouvait près de lui pendant les massacres de septembre et qui avait vu promener sur une pique la tête de la princesse de Lamballe, était déjà partie sous la protection d'un parent. Le 2 octobre 1792 il revit la Bresse et ne joua qu'un rôle passif dans le drame révolutionnaire.

Compris sur la liste de proscription du 22 mars 1793 (1) (la mort de Louis XVI avait fait couler

(1) Dans la nuit du 20 mars les commissaires de la Convention : Merlino, de Trévoux, et Amar, de Grenoble, en mission

2

ses larmes), puis arrêté l'année suivante par les ordres de Rollet-Marat, l'agent du cruel Albitte, il fut incarcéré pendant plusieurs mois, et le fer sanglant de la Terreur faillit se lever sur sa tête (1).

Un arrêté du représentant Boisset lui rendit la liberté le 28 thermidor an II (15 août 1794). Il fut heureux alors de vivre à la campagne, auprès de ses enfants, au milieu des beaux arbres fruitiers qu'il avait plantés.

Cependant, soit crainte de paraître s'isoler, soit désir de servir désormais son pays sans s'exposer aux luttes politiques, il résolut de suivre la

dans le département de l'Ain, et alors à Bourg, ordonnèrent l'arrestation de *toutes les personnes notoirement suspectes d'incivisme par leurs propos, leurs écrits, leurs correspondances ou leurs actions.* Le lendemain, le district de Bourg enjoignit aux municipalités de mettre aux arrêts dans leur domicile tous les nobles des deux sexes, les prêtres et les personnes suspectes. Obéissant à ces ordres, la municipalité de Bourg fit délivrer, le 22 mars, près de cent mandats d'arrêt dans la ville. Leur distribution excita, le jour même, un mécontentement général; le peuple s'en plaignit vivement; le conseil de la commune, assemblé le 23, fut obligé d'en donner la levée.

(1) Il fut écroué aux Claristes, le 22 pluviôse, l'avant-veille du départ des *quatorze*, qui périrent à Lyon le 26. Les voitures destinées à ce funèbre convoi ne pouvaient contenir plus de victimes. C'est à cette circonstance qu'il dut son salut.

carrière de l'instruction publique. Il demanda, le 25 brumaire an III (15 novembre 1794), à professer l'histoire naturelle à l'École centrale de l'Ain ; mais l'organisation de cette école fut ajournée.

VII.

Le 16 floréal an III (5 mai 1795), les représentants du peuple Borel et Boisset le nommèrent procureur général syndic du département, et, malgré sa résistance, il fut installé pour la seconde fois, le 28 floréal, dans le poste difficile qu'il avait occupé en 1790 et 1791.

L'on reprit, un mois après, le projet d'organisation de l'École centrale, et on lui confia le cours d'histoire philosophique des peuples et d'économie politique. Il reçut avec plaisir sa nomination, pensant qu'il pourrait se faire remplacer pendant ses fonctions au département et se réserver pour la suite celles de professeur. Il avait ainsi deux cordes à son arc ; mais la première, qu'il aimait peu, devait se briser bientôt, et la seconde ne lui servit jamais.

Lorsque parut la loi qui interdisait toutes fonctions publiques aux parents d'émigrés, il découvrit qu'il était neveu par alliance d'une émigrée,

Mme Balland de Chamburcy, et, le 17 vendémiaire an IV (9 octobre 1795), il donna sa démission.

VIII.

Dix jours après, le 27 vendémiaire, l'assemblée électorale le proclama juge au tribunal civil. Dès lors il ne songea plus à son cours d'histoire philosophique.

A peine était-il rentré dans la magistrature que le commissaire du gouvernement, Reverchon, lui offrit la place de commissaire général du pouvoir exécutif près le département. Il refusa et persista dans son refus, ne voulant pas être l'instrument d'un nouveau régime de Terreur.

Au printemps suivant, il prêta volontiers son concours à l'organisation de l'enseignement public, qui fut encore reprise et cette fois sérieusement. Il fut l'un des membres les plus actifs du jury chargé de cette organisation et, à l'ouverture solennelle de l'Ecole centrale de l'Ain, le 1er nivôse an V (21 décembre 1796), il prononça un discours remarquable sur la décadence des mœurs et les bienfaits de l'instruction.

Un nouvel appel venait d'être fait à son patriotisme. Le Gouvernement, dans le courant de

frimaire, l'avait nommé commissaire du Directoire exécutif du département. Après plusieurs
refus, vivement combattus par le département et
la députation, il accepta, par dévouement, les
fonctions que Reverchon lui avait déjà offertes,
une année avant; et, le 7 nivôse, il descendit de
son siège de juge pour prendre la direction des
affaires départementales.

IX.

Atteint par le contrecoup du 18 fructidor an V
(4 septembre 1797), il remit ses pouvoirs, le 8
vendémiaire an VI, à Groscassand - Dorimond,
prêtre marié, ancien vicaire général de l'évêque
de Belley, et rentra sans peine dans la vie privée.

La saison des vendanges souriait à ses loisirs.
Il reprit ses études favorites et termina son mémoire sur l'*hydraspirateur*. (*Exposition et emploi
d'un moyen intéressant de disposer des eaux pour
les travaux publics, l'agriculture, les arts*, etc.)

Lorsque son manuscrit fut prêt, il partit pour
Paris. Après avoir placé chez Lalande son fils aîné
qu'il avait emmené avec lui et qui venait de terminer ses études, il fit imprimer son mémoire et
construire son *hydraspirateur*. Cette machine

fonctionna devant les délégués des principaux
corps scientifiques et des ministères de l'Intérieur
et de la Marine. Le succès lui ouvrit les portes de
la *Société philotechnique,* du *Lycée des arts,* le mit
en rapport avec divers savants et prépara son
admission à l'Institut.

Pendant son absence, qui dura quatre mois, il
se donna le plaisir de voir la mer et de parcourir
la Flandre et la Belgique.

X.

De retour à Bourg le 8 messidor an VI (26 juin
1798), il fut pris de douleurs rhumatismales qui
suspendirent ses travaux pendant plusieurs mois.

Aux élections de l'an VII (mars 1799), il fut
élu député au Conseil des Cinq-Cents, en même
temps que Groscassand-Dorimond et malgré ses
manœuvres hostiles. Il se distingua au Corps
législatif par sa motion en faveur de l'Ecole polytechnique et par son grand travail sur les incendies,
à l'Institut par son mémoire sur les monuments
d'Izernore, à la Société d'Agriculture par son *Essai
de topographie* et au Musée des Petits-Augustins
par l'*Eloge funèbre de Joubert* qu'il prononça près
du mausolée de Turenne, en présence de tous les

Bressans et Bugistes qui se trouvaient à Paris, parmi lesquels on comptait plusieurs hommes éminents, tels que Bichat, Lalande, Brillat-Savarin, Récamier, Richerand et Girod de l'Ain.

Le 18 brumaire an VIII (10 novembre 1799), Th. Riboud fut, comme ses collègues, expulsé de l'orangerie de Saint - Cloud par les soldats du général Leclerc. Après que Bonaparte eut ainsi triomphé de la représentation nationale, Groscassand - Dorimond, compromis par ses idées révolutionnaires, fut victime de la réaction et incarcéré. Mon aïeul eut la générosité de signer la pétition qui devait le rendre à sa famille. Ce fait fut mal interprété : on fit une question de parti d'une question d'humanité. On accusa Th. Riboud de se rapprocher de la démagogie, et ce fut en vain que, pour expliquer sa conduite, il publia sa *Lettre à un fonctionnaire public*. Ses ennemis s'emparèrent de sa défection apparente pour le desservir et parvinrent à le faire écarter du nouveau Corps législatif.

XI.

Leurs attaques jalouses le poursuivirent à l'organisation des préfectures : celle de l'Ain, qui lui

semblait destinée, ne lui fut pas offerte. L'estime
des provinces voisines le consola, dans cette circonstance, de l'injustice de quelques-uns de ses
compatriotes. Les députés de Saône-et-Loire, de
la Côte-d'Or et du Jura, le demandèrent pour
préfet; et le premier consul l'aurait sans doute
appelé à la tête de l'un de ces trois départements,
s'il n'eût exprimé, par écrit, son intention de
n'accepter aucune fonction loin de sa famille et
de ses intérêts. Il eut alors à choisir entre deux
nominations dont le gratifia Bonaparte : l'une de
premier conseiller de préfecture à Bourg, l'autre
de juge d'appel de Lyon et président criminel de
l'Ain. Ces dernières fonctions, dignes des services
qu'il avait rendus, convenaient parfaitement à ses
goûts : il opta pour elles, quitta Paris le 21 floréal
an VIII (11 mai 1800) et se fit installer à Lyon le
27, puis à Bourg le 1er prairial.

XIII.

Le fauteuil de président ne pouvait être occupé
plus honorablement. « Rien ne prouve mieux la
« confiance qu'il inspirait au criminel lui-même,
« dit M. Garadoz, que la démarche d'un homme
« condamné aux travaux forcés. Après l'expira-

« tion de sa peine, il vint trouver M. Riboud qui
« avait prononcé sa condamnation et lui demanda
« ses conseils et sa protection pour rentrer, s'il
« était possible, dans la société qu'il avait offensée
« et qui le repoussait. »

Une des premières affaires qu'il eut à juger fut
celle des quatre compagnons de Jéhu, Guyon,
Hyvert, Amiet et Leprêtre, dont la fin dramatique
a été racontée par Charles Nodier et Alexandre
Dumas.

« Les quatre accusés, dit Nodier, étoient placés
« sous la faveur d'un *alibi* très-faux, mais revêtu
« de cent signatures, et pour lequel on en auroit
« trouvé dix mille. Toutes les convictions morales
« devoient tomber en présence d'une pareille
« autorité. L'absolution paraissoit infaillible,
« quand une question du président, peut-être
« involontairement insidieuse, changea l'aspect
« du procès. *Madame,* dit-il à celle qui avoit été
« si aimablement assistée par un des voleurs,
« *quel est celui des accusés qui vous a accordé*
« *tant de soins?*

« Cette forme inattendue d'interrogation in-
« tervertit l'ordre de ses idées. Il est probable
« que sa pensée admit le fait comme reconnu,
« et qu'elle ne vit plus dans la manière de l'en-

« visager qu'un moyen de modifier le sort de
« l'homme qui l'intéressait : *C'est monsieur,*
« dit-elle en montrant Leprêtre. Les quatre
« accusés, compris dans un *alibi* indivisible,
« tomboient, de ce seul fait, sous le fer du bour-
« reau. Ils se levèrent et la saluèrent en souriant.
« *Pardieu,* dit Hyvert en retombant sur sa ban-
« quette avec de grands éclats de rire, *voilà,*
« *capitaine, qui vous apprendra à être galant.*
« J'ai entendu dire que peu de temps après, cette
« malheureuse dame étoit morte de chagrin. »

Les quatre accusés étaient passibles de la peine
de mort. Mon aïeul la prononça le 20 thermidor,
mais sa voix dut trahir sa profonde émotion; car
il lui répugnait de faire couler le sang du misérable
sur cette affreuse machine de Guillotin, et à plus
forte raison le sang de ces hommes de cœur,
victimes de leurs passions politiques.

Les quatre condamnés, au moment d'être
conduits au supplice, armés de pistolets et de
poignards, nus jusqu'à la ceinture, se frappèrent
mortellement sur le préau de la prison, en présence de la foule que la gendarmerie ne pouvait
contenir.

« Leprêtre et Guyon, selon le bruit public,
« étaient morts, dit le procès-verbal d'exécution;

« Hyvert, blessé à mort et expirant ; Amiet, blessé
« à mort, mais conservant sa connaissance. Tous
« quatre, en cet état, ont été conduits à la
« guillotine et, morts ou vivants, ils ont été
« guillotinés. »

Morts ou vivants ! Faut-il croire à une pareille
barbarie ? faut-il ajouter foi au procès-verbal ?
Non ; ce procès-verbal ne fut que l'écho du bruit
public. J'ai plus de confiance dans le récit qu'a
fait Nodier d'après un témoin oculaire, le commandant de gendarmerie. Suivant Nodier, Amiet
expira au pied de l'échafaud, et Hyvert fut *seul*
décapité.

XIII.

Les loisirs que la présidence laissait à mon
aïeul furent consacrés au pays. L'année même de
son installation, il redevint membre du jury
d'instruction publique.

L'année suivante, il publia ses *Observations sur
les contributions du département de l'Ain,* et il
réunit, avec le concours du préfet, les débris de
la Société d'Emulation. Le portefeuille de secrétaire lui fut rendu et, à la séance publique du
30 thermidor, il paya un tribut de regrets à la

mémoire de ses confrères, victimes de la Révolution.

Le 5 vendémiaire an X (27 septembre 1801), il
eut l'honneur d'être admis par l'Institut national
de France au nombre de ses membres associés,
classe de littérature et beaux-arts, section des
monuments et antiquités.

Bientôt après, d'autres marques d'estime lui
furent données par ses concitoyens. Le 1er brumaire, les notables du département avaient à
nommer 53 notables nationaux; il fut élu le
premier par 248 suffrages sur 268. Au mois de
nivôse, la mairie de Bourg, le tribunal criminel
et la Société d'Emulation le députèrent pour
féliciter à Lyon le premier consul. Cette même
année, il publia son intéressant *Mémoire historique et statistique sur la ville de Bourg,* et prononça l'éloge du préfet Ozun, du médecin Gillot
et du célèbre Bichat.

L'an XI, il déplora la perte de M. Feydeau de
Brou, ancien intendant de Bourgogne, qui lui
avait confié la subdélégation de Bresse, et dans
ses *Observations sur la législation criminelle,* il
s'éleva énergiquement contre le supplice de la
guillotine qui rappelait les exécutions révolutionnaires.

L'an XII, il fit paraître ses *Recherches sur les substances minérales et inflammables du département de l'Ain;* il fut admis dans l'ordre de la Légion-d'Honneur, qui venait d'être créé; il reçut la prestation de serment des généraux Valette et Roize, nommés membres du même ordre; et présenta à l'Empereur le relevé des votes du département pour la transmission héréditaire de la dignité impériale.

L'an XIII (1805), année mémorable pour notre pays par le séjour que l'Empereur fit à Bourg (1). Thomas Riboud adressa trois fois la parole à Sa Majesté : la première, comme président du tribunal criminel; la seconde, au nom de la Société d'Emulation; la troisième, en lui faisant hommage du recueil de ses écrits. Ce recueil comprenait les *Observations sur quelques objets principaux d'amélioration en agriculture,* ouvrage récemment imprimé, qui commença la propagation de ces bonnes méthodes de culture, dont les avantages furent développés plus tard avec tant de zèle et de talent par son neveu M.-A. Puvis.

En 1806, il publia ses curieuses *Recherches sur*

_____

(1) La relation de ce fait historique se trouve dans mon petit livre intitulé : *Passage de la Reyssouze par Napoléon.*

*l'origine, les mœurs et les usages de quelques
communes voisines de la Saône.* Cette excellente
dissertation, d'accord avec la tradition, assigne
aux habitants de ces communes une origine sar-
rasine. Depuis Thomas Riboud, des opinions
différentes ont été proposées. Bien que les progrès
récents de la linguistique et de l'ethnographie
justifient les investigations nouvelles sur un point
qui semblait suffisamment éclairci, il est à croire
que rien n'effacera la tradition dont l'œuvre de
mon aïeul restera l'éloquent interprète.

XIV.

De 1807 à 1815, Th. Riboud fit constamment
partie du Corps législatif et de la Chambre des
Députés, sans cesser d'appartenir à la magistrature.
Pendant cette période, il justifia la confiance de
ses concitoyens par des travaux du plus grand
intérêt.

En qualité de membre et rapporteur de la
commission de législation, il concourut à la
confection du code pénal, de la loi sur les
expropriations pour cause d'utilité publique.

Comme simple député, il élabora et publia un
projet de code rural. Puis, lorsque la liberté de

discussion reparut sur l'horizon politique, il proposa d'indemniser les pays dévastés par l'invasion des armées étrangères ; il défendit énergiquement contre le ministre des finances, dont il se fit un puissant ennemi, 300,000 hectares de forêts domaniales menacées d'aliénation ; il demanda la réunion du pays de Gex au département de l'Ain ; il soutint le projet de réorganisation de la Cour de Cassation.

Dans l'intervalle des sessions, il suivit les séances de la Société d'Emulation, coopéra largement à la Statistique de M. de Bossi et publia divers écrits en l'honneur de notre département : son *Essai sur la minéralogie,* son *Indication générale des monuments,* sa *Dissertation sur l'ancienneté de la ville de Bourg* et ses *Observations sur le cours et la perte du Rhône.*

XV.

La seconde année de cette brillante période fut marquée par un évènement douloureux. Plusieurs fois mon aïeul avait été frappé dans ses affections de famille ; mais aucune atteinte ne lui fut plus sensible que celle qu'il éprouva en 1808. Une mort presque soudaine lui enleva sa fille aînée,

son « aimable et chère Tonie », qui habitait Thonon
depuis son mariage. C'était une jeune femme
accomplie, déjà deux fois mère à vingt-deux ans,
belle de taille et de figure, brillante de santé,
douce, gracieuse et généralement estimée. Tant
de qualités précieuses, tant de jeunesse et de
charmes, dont il était fier, aggravèrent dans son
cœur les regrets naturels.

XVI.

Les années suivantes, mon aïeul obtint de
nouvelles dignités : en 1809, des lettres de no-
blesse (1) signées Napoléon et Cambacérès, datées
de Madrid le 21 décembre 1808, et le 2 avril 1811,
un fauteuil de président à la Cour de Lyon, et
le 25 janvier 1815, la croix d'officier de la Légion-
d'Honneur.

Il ne fut pas moins honoré dans ses fils. Par le
décret d'organisation qui le fit président, l'aîné,
juge-auditeur à Lyon depuis le 17 juillet 1808,
fut nommé substitut du procureur général, et
délégué pour exercer à Bourg les fonctions de

(1) Voyez l'article *Enregistrement d'armoiries* dans les *Papiers curieux d'une famille de Bresse.*

procureur criminel, au traitement de six mille francs. Son fils Philippe, qui était entré à Saint-Cyr le 4 octobre 1809, fut nommé sous-lieutenant au 10e régiment de ligne le 18 mai 1811, passa comme lieutenant au 105e de ligne le 1er avril 1813 et fut promu au grade de capitaine adjudant major dans le même régiment le 22 août de la même année.

XVII.

Nous voici maintenant à 1815, époque orageuse, où les partis politiques luttèrent d'exaltation. Thomas Riboud, qui ne se passionnait que pour le bien public, qui ne voulait se ranger sous aucune bannière fanatique, dut succomber dans son isolement, et en effet, que l'orage vînt du nord ou du midi, tous les coups le frappèrent. L'histoire de sa vie n'offre, durant cette année fatale, qu'une série d'événements contraires.

Au mois de mars, le roi convoque extraordinairement la Chambre des Députés. La lettre d'avis de mon aïeul, datée du 7, lui parvient le 15 à Lyon; il part dans les vingt-quatre heures, et passe par la Franche-Comté. A Dôle on l'arrête. La route de Paris est interdite, même aux députés.

Après des éclaircissements, celle de la Bourgogne lui est ouverte. Quand il arrive à Dijon tout est changé : Napoléon est de nouveau à la tête du Gouvernement. Notre voyageur revient sur ses pas. Les fonctionnaires prêtent serment; son fils aîné refuse et se retire à Pont-d'Ain. Mon aïeul va l'y trouver, le prie de suivre l'exemple de ses collègues, lui représente que l'on peut servir honorablement son pays, quel que soit le chef de l'Etat, et triomphe non sans peine de ses scrupules royalistes.

Bientôt après l'on forme la Chambre des Représentants; il est élu et part pour Paris. Son compétiteur évincé réclame contre les opérations du collège électoral. Th. Riboud a la naïveté de défendre son élection; il démontre en vain que la majorité des suffrages lui est bien acquise : la Chambre bonapartiste, trop heureuse d'écarter un royaliste, ne l'écoute pas; son élection est annulée (1).

(1) Voici l'appréciation du préfet de l'Ain, à laquelle on ne peut refuser quelque valeur:

Bourg, le 10 juillet 1815.
Monsieur,

J'ai reçu tous les exemplaires des *Observations* que vous avez publiées relativement à votre élection à la chambre des

A peine a-t-il éprouvé cet échec, que son jeune fils lui revient de Waterloo avec un bras mutilé. Il reste à Paris pour lui donner les soins que réclame sa blessure.

Pendant ce temps, Louis XVIII rentre en France; les élections d'août se préparent. Vous pensez que l'on n'oubliera pas les services de l'ancien député,

représentants. Elles n'ont fait que confirmer mon opinion sur la validité de cette élection, qui est absolument conforme à la vôtre, et j'ai été étonné de voir votre dernier rapporteur, mathématicien profond, manifester une erreur de jugement bien extraordinaire.

Nous avons ici, depuis hier, 25,000 Autrichiens qui n'ont été annoncés que quatre heures avant leur arrivée. Ils séjournent et l'intendant général de l'armée m'annonce qu'ils vont être suivis par d'autres. Vous sentez quelle énorme charge c'est pour le pays; je ne puis vous dire combien j'en suis profondément affecté. Je remplis un devoir bien pénible en restant parmi vos compatriotes dans des circonstances si graves. Je touche à la fin de ma carrière administrative. Mon successeur fera mieux sans doute; mais il ne sera pas plus que moi animé du désir de faire le bien. Je me féliciterai particulièrement d'avoir eu l'occasion de faire votre connaissance et je saisirai, toujours avec plaisir, l'occasion d'entretenir des rapports avec vous.

Je vous prie, Monsieur, d'agréer l'assurance de la considération très-distinguée avec laquelle j'ai l'honneur d'être,

Votre très-humble et très-obéissant serviteur,

Le baron BAUDE.

qu'on lui tiendra compte de son élimination de la
Chambre des Représentants à titre de royaliste,
qu'on lui saura gré des démarches qu'il a faites
l'année précédente auprès du prince de Metternich
et de celles qu'il fait en ce moment même pour
alléger les charges de l'invasion qui pèsent sur
notre département. Pas du tout. Les intrigues les
plus odieuses profitent de son absence pour ruiner
sa candidature. On le fait passer pour bonapartiste;
on prétend qu'à Pont-d'Ain il a exigé de son fils
aîné le serment impérial, en lui mettant le pistolet
sous la gorge; on va jusqu'à dire, jusqu'à imprimer
qu'il a été conventionnel. Ces calomnies détour-
nent les suffrages; il n'est pas élu. Au reste, il
doit s'en féliciter, car il serait mal à l'aise dans
cette Chambre *introuvable,* au milieu de ces ultra-
royalistes qui vont imposer au Gouvernement les
mesures réactionnaires les plus violentes.

  Les vicissitudes de la fortune ne s'arrêtent pas
à cette déception. Le magistrat n'est pas plus
épargné que le législateur. On l'élimine de la
Cour royale en lui donnant sa retraite et le titre
de président honoraire.

  Ainsi 1815 brise à la fois sa carrière politique
et sa carrière judiciaire.

XVIII.

A quelque chose malheur est bon. N'ayant plus de fonctions publiques et conservant, à soixante ans, toute l'activité, toute la lucidité de son intelligence, il peut consacrer plus de loisirs à ses études favorites ; et, pendant douze années encore, sa plume féconde va livrer à la Société d'Emulation, aux journaux et à l'Annuaire de l'Ain des écrits d'autant plus intéressants qu'ils sont tous relatifs à notre pays.

D'illustres amitiés lui ouvriraient à Paris les portes du monde savant ; mais il préfère la vie de famille, le soin de ses domaines et les suffrages de ses compatriotes. « En parcourant ses nom- « breux écrits, dit M. Milliet, un vif mouvement « d'orgueil national et de reconnaissance a fait « battre notre poitrine, car il n'a pas dédaigné, « cet homme distingué, de se consacrer tout « entier à la gloire de son pays. »

Il est vrai que, du temps de mon aïeul, il existe encore un public lettré pour l'auteur de province. Aujourd'hui l'écrivain dévoué à son pays n'a plus de lecteurs. A cent lieues de Paris on ne lit, on n'achète, on n'admire que les journaux et les livres de Paris. Tout auteur qui n'a pas reçu le baptême parisien est un auteur sans mérite, à prétentions ridicules. Aussi quel courage faut-il pour cultiver les lettres loin du centre où tout converge! Et par suite que d'esprits désœuvrés dans les petites villes ne rêvent que Paris et révolutions! Le Gouvernement n'aurait-il pas intérêt à protéger d'une manière plus sérieuse, plus efficace la littérature provinciale, à rattacher la jeunesse au sol natal en rendant aux provinces quelques prestiges de nationalité?

Dans cette période de douze années, la dernière période de la vie intellectuelle de mon aïeul, il se passionne de plus en plus pour l'archéologie qui lui a déjà inspiré d'excellents ouvrages et qui va lui assurer pour longtemps la première place parmi les antiquaires du pays. « Il n'est aucun « genre d'études, dit M. Garadoz, auquel il « s'adonnât avec autant de plaisir et de constance, « et sur lequel il ait laissé de si nombreux mé- « moires. Que de qualités supposent dans un « homme ces longues et pénibles investigations! « Patience infatigable pour fouiller, interroger, « comparer les monuments, vaste connaissance « de l'histoire publique, des mœurs et des arts « des peuples qui se sont succédé les uns aux

« autres dans un même pays, pénétration pour
« entendre le langage mystérieux de symboles
« obscurs, de signes hiéroglyphiques, pour réta-
« blir et compléter une figure ou une inscription
« à moitié rongée par le temps ou mutilée par
« le vandalisme. Doué de ces qualités précieuses,
« M. Riboud fait en quelque manière revivre à
« nos yeux les générations gisantes dans toute
« l'étendue du département. »

XIX.

Avant de suivre mon aïeul sur ses divers champs
d'exploitation historique, et nous ne le suivrons,
bien entendu, qu'autant que le permet le cadre
restreint de cette esquisse, citons quelques-uns
de ses derniers écrits non archéologiques : ses
Observations sur les commotions terrestres de 1817,
1822, 1824 ; son *Mémoire sur la plantation du
marais de Polliat* (1818) ; ses notices sur les
Eaux minérales de Ceyzériat (1819), sur les *Chênes
mariés de la Rousse* (1820), sur la *Diminution des
eaux de la Reyssouze* (1821), sur le *Troupeau de
mérinos de Naz* (1821), sur les *Volailles de Bresse*
(1822) ; ses biographies de *Brossard de Mon-
taney* (1820), du *P. Favre* (1821), de *M. Levrier*

(1823), et son nouveau projet de *Code rural* (1826).

Tous ces travaux offrent de l'intérêt et seront consultés avec fruit. Ils témoignent que leur auteur conserva jusqu'à sa vieillesse une singulière aptitude polygraphique. Mais je les groupe à la hâte pour ne pas interrompre l'examen rapide que je vais faire de ses études archéologiques depuis 1815.

XX.

Une heureuse idée occupe les premiers loisirs de sa retraite. Il conçoit en 1816 le projet d'annexer un musée départemental à la Société d'Emulation. Son projet est adopté. Chaque membre apporte son tribut volontaire; les membres correspondants adressent leurs dons. Et bientôt se trouve formé le noyau de curieuses collections d'oiseaux, de coquillages, de minéraux, de fossiles, de médailles, d'objets antiques et de livres sur le pays ou d'auteurs du pays. Ces diverses collections s'accroissent peu à peu tant que mon aïeul est l'âme de la Société. Négligées depuis lors, elles sont aujourd'hui dispersées : une partie orne la bibliothèque de la ville et l'autre gît dans les greniers. Quelque jour tout cela sera fondu dans le musée municipal pour la plus grande gloire... de qui? Pauvre Société d'Emulation! qu'es-tu devenue?

XXI.

En 1817 le vieux château des ducs de Savoie, qui servait de prison, tombe sous la pioche pour faire place à la prison actuelle. Les fouilles mettent à nu des vestiges d'antiquités.

> Au lieu même où s'élève une prison massive,
> Où l'on voit le palais de la gent processive,
> De trois grands monuments survit le souvenir :
> Là le duc de Savoie eut son château gothique,
> Le conquérant romain sa forteresse antique
> Et le prêtre gaulois son temple ou son menhir.

Ces antiquités romaines et gauloises fournissent à mon aïeul une longue série d'émotions scientifiques et défraient trois brochures datées de 1817, 1818 et 1820, qu'il réunit en un volume. Les dernières pages contiennent un projet de monument mémoratif en blocs antiques, parmi lesquels devait figurer la célèbre pierre TANVS, aujourd'hui abandonnée dans un cloaque. Il est regret-

table que l'on ait ajourné ce projet et que les
blocs réservés à cette intention aient été peu
à peu dénaturés par la ville.

La démolition du vieux château remet aussi au
jour un fragment d'inscription latine, engagé dans
la maçonnerie d'une tourelle. Lire ce fragment,
rétablir l'inscription entière et justifier cette restauration par une dissertation historique : c'est ce
que tout antiquaire aurait pu faire comme Th.
Riboud. Mais un autre que lui l'aurait-il fait avec
la même facilité de style, avec la même abondance
de détails attrayants? Balzac lui-même aurait-il
mieux décrit la tourelle?

Cette dissertation parut en 1818.

XXII.

Deux autres dissertations plus importantes
parurent en 1819.

La première, à propos des médailles d'or offertes
par Henri IV aux députés suisses et frappées,
suivant l'historien de Thou, avec les produits
d'une mine récemment découverte *in segusianis*,
aborde la fameuse question de la position géographique des Sébusiens ou Ségusiens, et rend

compte des recherches que l'auteur a faites pour découvrir la prétendue mine d'or.

La seconde décrit et explique l'Olyphant, ce magnifique cor d'ivoire, tout couvert de sculptures, trouvé dans une grotte du Bugey, dite des Sarrasins, et conservé à la chartreuse de Portes depuis un temps immémorial. Thomas Riboud avait vu cet olyphant dès 1781 et l'avait décrit dans une première notice qui fut insérée dans le Journal des Savants de mars 1784. Les chartreux, menacés par la Révolution, craignirent qu'il ne fût mutilé par le vandalisme et en firent hommage au jeune savant. La nouvelle notice que lui inspire ce précieux antique est une œuvre de longue haleine, dans laquelle brille de tout son éclat son talent de description et d'interprétation. L'année suivante il complète cette nouvelle notice par des éclaircissements confirmatifs sur l'origine de l'olyphant, qu'il croit avoir appartenu à Blanche de Castille, reine et régente de France.

XXIII.

En 1821 il publie 1° sous le titre d'*Archéologie-histoire,* des questions relatives à l'histoire du département de l'Ain; 2° une notice sur la *For-*

*mation d'une collection de monuments antiques
à Belley* ; 3° des *Détails et notions historiques sur
d'anciens et nombreux tombeaux trouvés en différents lieux du département de l'Ain.*

En 1822 il rend compte des projets de médailles
et d'inscriptions présentés par M. Belloc pour le
monument *Mazet.*

En 1823, il fait paraître ses remarquables
*Considérations et recherches sur les monuments
anciens et modernes du territoire de Brou,* ouvrage
dont j'ai parlé, page 25 de ma brochure : *L'église
de Brou et la devise de Marguerite d'Autriche.*

Enfin il commence en 1824 la publication de
son *Etude sur l'histoire de nos provinces par la
recherche et l'observation des monuments.* La seconde partie paraît en 1825 et la dernière en 1827.
C'est là son dernier écrit, et ce dernier écrit, que
l'on pourrait nommer le chant du cygne, est un
large tableau de toutes nos antiquités, un recueil
chronologique de dissertations sur toutes les
questions qui préoccupent et divisent encore les
savants de nos jours. Aussi cette Étude est-elle
regardée comme son œuvre capitale en archéologie.

XXIV.

Un aussi long travail d'investigation et d'érudition épuise les forces de son esprit septuagénaire. La plume lui tombe des mains avant qu'il ait réalisé tous ses projets, avant qu'il ait fait une édition convenable de ses écrits. Sa mémoire ne retient plus les perceptions récentes; ses facultés s'émoussent; le déclin moral accompagne le déclin physique. On dirait que la nature, dans un but de compensation, ait voulu lui retirer, quelques années avant sa mort, ces dons intellectuels dont il avait joui prématurément : on se rappelle qu'il avait terminé ses études avant seize ans et qu'avant dix-neuf il était reçu avocat.

Toutefois cette décadence morale ne s'effectue que progressivement et lentement. Il préside encore plusieurs séances de la Société d'Emulation en 1827 et 1828; on l'avait nommé vice-président et président honoraire le 4 juillet 1827, lorsqu'il abandonna les fonctions de secrétaire; à cette époque le vice-président était le président effectif, le titre de président était réservé au préfet.

Vers 1830, alors que la mémoire de mon aïeul faiblissait visiblement, Mᵐᵉ Riboud le retint à la campagne. Là, feuilleter quelques livres, fredonner quelques chansons de sa jeunesse, plaisanter avec ses petits-fils, se promener dans l'enclos de verdure qu'il avait embelli, ou suivre le chemin du village jusque dans la vallée de Tiremale; telle fut la douce vie du bon vieillard.

Puis, quand le déclin fut tel qu'il oublia le passé, qu'il ne connut plus sa famille, qu'il ne fut plus que l'ombre de lui-même, il ne semblait pas moins heureux; il passait de longues heures dans les allées de son verger ou sur le banc de sa galerie; et de cette galerie sa vue se reposait sur le vieux château-fort de Jasseron, qu'il avait décrit avec tant de soins, avec tant de fidélité pittoresque dans son dernier ouvrage. Il y avait encore quelque poésie dans la quiétude de sa vieillesse. N'était-ce pas en vertu d'une grâce particulière, prix de sa vie laborieuse, qu'il allait s'éteindre sans souffrances, sans regrets, sans conscience de sa fin prochaine.

Il cessa de vivre le 6 août 1835. Peu s'en fallait qu'il n'eût quatre-vingts ans. Une pierre indique sa place dans le cimetière du village.

XXV.

Terminons cette esquisse par quelques mots sur sa personne et sur son caractère.

Il était de haute stature (1 mètre 84 ou 5 pieds 8 pouces); ses traits étaient réguliers; son extérieur répondait à là distinction de son esprit. Il avait transmis à ses deux fils et à plusieurs de ses filles la même stature et la même régularité de traits. Aussi M. de Lateyssonnière disait-il que le type de la race gauloise s'était conservé pur dans la famille Riboud.

Une phrase de M. de Moyria peint le caractère de mon aïeul : « Chez lui, dit-il, les hautes « qualités de l'esprit s'unissaient aux vertus pu- « bliques et privées, et le sentiment inflexible « du devoir à cette facile bonhomie qui donne « tant de charme aux relations sociales. »

Ajoutons cependant deux ou trois coups de pinceau.

Il était modeste jusqu'à l'oubli de ses talents et des services honorables qu'il avait rendus à ses concitoyens.

Il vivait simplement. L'abondance régnait dans son ménage, mais non le luxe. Son patrimoine

s'était accru de la fortune de plusieurs parents
dont lui échut l'héritage. Avec ses économies il
agrandit ses domaines, mais sans profiter de
l'aliénation des biens nationaux : il se serait cru
déshonoré par la possession de la moindre parcelle
des dépouilles du clergé (1). On le pressa vaine-
ment d'acquérir le clos des Cordeliers qu'il avait
en face de ses fenêtres. Plutôt que de transiger
avec sa répulsion, il laissa masquer sa maison par
des constructions nouvelles.

Homme d'ordre et de prévoyance, recueillant
toutes choses curieuses, conservant avec soin les
livres et papiers de famille, ne détruisant rien,
pas même les lettres et les brochures éphémères;
il avait réuni peu à peu une riche collection de
documents sur l'histoire du pays et notamment
sur l'histoire révolutionnaire, et il avait formé

(1) Il adoucit autant que possible la persécution du clergé,
pendant qu'il fut à la tête du département. C'est en souvenir de
son administration que l'archevêque de Lyon lui permit en
1803 de faire célébrer à Bourg le mariage de sa fille aînée sans
attendre la dispense de bans du curé de Thonon. « Monsieur,
« lui écrivait le prêtre O'Brien, ce que j'avais eu l'honneur de
« vous annoncer s'est vérifié. Le prélat a cédé à vos raisons et
« surtout à la considération particulière que méritait la conduite
« que vous avez tenue envers le clergé..... »

un cabinet d'antiques et de minéralogie, dans lequel figuraient des médailles rares, des statuettes de prix et surtout ce magnifique olyphant de la chartreuse de Portes.

Grâce à l'obligeance des héritières de son fils, le conseiller, j'ai pu recueillir son trésor historique et archéologique ; mais hélas ! *quantùm mutatus ab illo !* Des documents avaient été détruits ; d'autres étaient passés en des mains étrangères. Les plus belles médailles, les plus gracieuses statuettes avaient disparu ; le magnifique olyphant était au musée de l'hôtel de Cluny.

Et quelle patience il me fallut pour exhumer de la poussière et mettre en ordre ces débris de collections et de bibliothèque indigène !

Ces débris du moins sont encore des richesses ; je les conserve religieusement, dans la maison même de mon aïeul, par respect pour sa mémoire et par attachement au pays.

Belley, novembre 1859.

Poésies.

AVERTISSEMENT.

Les poésies de Thomas Riboud sont des œuvres
de jeunesse, et de jeunesse folâtre, élevée à l'école
de Rabelais et de La Fontaine.

Il les a composées de 1777 à 1784, mais surtout
de 1777 à 1780, c'est-à-dire, de 21 à 24 ans. Une
fois entré dans la vie sérieuse, il abandonna sa
muse dont la légèreté pouvait le compromettre.

Son portefeuille poétique contient plus de
quatre mille vers. Grâce à leur mérite littéraire,
son fils aîné, de mœurs très-rigides, ne les a pas
livrés aux flammes; ce portefeuille m'est parvenu
intact.

Que de verve! que d'imagination! que d'aimables folies dans tous ces petits cahiers noués
de rubans roses! Quelle facilité de versification
dans ces contes badins, dans ces poèmes héroï-
comiques! Mais comment mettre au jour de
pareilles joyeusetés, composées pour un cercle
de jeunes fous (1)!

---

(1) La Société littéraire de Lyon, fondée par l'auteur et trois
amis. Voyez le commencement de la *Vie du président* et surtout
l'opuscule : *Thomas Riboud et la Société littéraire de Lyon.*

Il a fallu faire un choix et laisser au fond du portefeuille les pièces les plus gaies. Quel dommage de ne pas éditer *le Chapitre des Bernadins* et *l'Ange Gabriel*, deux chefs-d'œuvre d'esprit et de style ! Mais trop de liberté gauloise eût effrayé certains lecteurs dont le suffrage m'est cher. Peut-être même trouveront-ils, en lisant *le Mari borgne*, que mon choix n'a pas été assez sévère.

Ph. L.

POÉSIES

DU PRÉSIDENT RIBOUD,

Choisies et revues par son petit-fils.

LETTRE FACÉTIEUSE

A UN AMI ([1]) QUI AVAIT PROMIS D'ALLER VOIR L'AUTEUR A LYON.

Lyon, 3 août 1777.

Les avocats ici ne sont pas des bélitres ;
On ne les calme point, mon cher, par des épîtres.

([1]) M. Jean-Joseph Bernard Perrot, conseiller au bailliage
et présidial de Bourg, l'un des douze premiers membres de la
Société d'Emulation de l'Ain. — Ph. L.

Tout, jusqu'à l'amitié, dépose contre vous
Et fait naître en mon âme un très-juste courroux.
Est-ce ainsi qu'un *maçon* doit remplir sa promesse?
Des Bressans incertains vous avez la paresse.

Votre ami, dès longtemps, se flatte d'un plaisir,
Et vous l'abandonnez au vide du désir!
Jeune homme sans vergogne, à l'amitié rebelle,
Seriez-vous, dites-moi, dans les rets d'une belle?
Injustement alors je vous ai condamné :
Ce qu'on fait pour l'amour doit être pardonné!
Mais vous ne m'apportez qu'une excuse frivole;
Chaque affaire a son temps; on songe à sa parole;
Et vous parler raison c'est trop vous ménager...
En reproches sanglants j'ai droit de me venger!

Que l'enfer contre vous s'anime à ma prière!
Accourez, diablotins! Secondez ma colère!
Dans le pays de Bresse et près de certains monts
S'élève une cité fort célèbre en chapons.
Au fond de son alcôve un avocat sans cause,
Oubliant ses projets, dans ses draps se repose.
Parfait imitateur de l'élu son voisin,
Il attend comme lui toujours le lendemain.

Allez! punissez-le de son indifférence;
Qu'il perde par vos soins cet esprit d'indolence!

Les drôles sont partis... Ah! puissent-ils bientôt
Pincer, égratigner, fesser monsieur Perrot!
Que, sans l'abandonner, un follet, un vampire,
Sur sa pauvre personne exercent leur empire!
Puisse une légion de souris et de rats
Sur le pied de son lit assembler ses états!
Un essaim dangereux de guêpes et d'abeilles
De son bourdonnement fatiguer ses oreilles!
Sur ses bas frais et blancs un barbet peu courtois,
Allonger son fémur et pisser maintes fois!
Puisse sur son papier son encre se répandre!
Puisse à son amadou le feu ne jamais prendre!
Puisse son perruquier le manquer tous les jours!
Puisse-t-il enfiler sa culotte à rebours!
Que lui-même, de nuit, brisant son pot de chambre,
Verse dans son grabat des flots de musc et d'ambre!

Les cris apaisent la fureur;
Je sens mon âme moins émue;
Je n'ai plus de mauvaise humeur,
Ma bile est enfin répandue.

Si vous voulez avoir pardon,
Je connais un moyen facile
De l'obtenir, car je suis bon :
C'est de venir en cette ville.
Je vais dans peu l'abandonner.
Tàchez de vous acheminer,
Dans un mois, si vous ètes libre,
Et tout sera dans l'équilibre.
Il faut en septembre prochain,
Temps agréable des féries,
Laisser seules, trois jours, vos mies,
Et quitter Bourg un beau matin.
Après séjour de militaire
Route tous deux nous pourrons faire ;
Ici nous nous embarquerons
Et jusqu'à Màcon voguerons.

Pour le coup, mon cher, plus d'excuse,
Plus de prétexte, plus de ruse !
Ou je vous croirai sans pitié
Coupable de lèse-amitié.
Non, vous ne serez point, j'espère,
En si défavorable cas,
Et, dirigeant vers moi vos pas,
Vous vous rendrez à ma prière.

Je parle sérieusement
Dans ma carminiforme prose ;
Vous ne devez différemment
De ma part entendre la chose.
Avocat, m'allez-vous crier,
Vous feriez mieux d'étudier
Votre *Digeste* et vos *Novelles*
Que d'écorcher des bagatelles.
— A l'amitié culte rendu
Du temps est le plus bel usage ;
Jamais docteur, même Basnage,
Le contraire n'a prétendu.

De rimailler cessons pourtant ;
Aussi finis-je en vous disant :
Laissez au loin courir la rime ;
Mais retenez ce qu'elle exprime.

A Chevrier notre féal
Ainsi qu'à monsieur son cheval,

Dites de ma part bien des choses ;
A tous nos amis, gens d'honneur,
Distribuez pareilles doses.
Adieu, bonsoir et serviteur.

ÉPITAPHE DE VOLTAIRE.

———

1778.

A Voltaire donnons des pleurs :
Ami des hommes, cher aux dames,
Il fit neuf femmes de neuf sœurs,
Et fait neuf veuves de neuf femmes.

LA CEINTURE

ENVOYÉE PAR L'AUTEUR A UN JEUNE MAGISTRAT.

———

1779.

Voici, mon cher, une ceinture
Qui n'est point celle de Cypris.
Elle doit être la parure
De la sage et grave Thémis.
A tes yeux qu'elle soit l'image
Du nœud touchant qui nous engage !
Tu seras doublement lié :
Par la justice et l'amitié.

LE PROCUREUR EN PARADIS.

CONTE.

Janvier 1780.

Voulant accroître la légende,
Maître Grippart bien confessé
En paradis par contrebande,
Un beau matin, s'était glissé.

Sous quelque banc, près de la porte,
Notre adroit sire s'accroupit ;
Mais par malheur une cohorte
De saints oisifs le découvrit.

5

— Quel est, amis, ce personnage,
Approchons-nous, dit l'un d'entre eux ;
Il porte un sinistre visage ;
Voyons ce nouveau bienheureux. —

Vite on l'entoure, on l'examine ;
On l'interroge, on veut savoir
Ce qu'un porteur de telle mine
Faisait au céleste manoir.

— Messieurs, dans l'heureuse Bergame
Le destin me fit procureur ;
Et, je le jure sur mon âme,
J'aimai moins l'argent que l'honneur. —

A ce discours la troupe entière
Gravement trois fois se signa,
Et, faisant trois pas en arrière,
De frayeur elle trépigna.

— Messieurs, dit un quidam céleste,
C'est un fourbe, je vous le dis ;
Sa présence serait funeste ;
Qu'il déloge du paradis !

Il faut, confrères, au plus vite
Dans la foule des saints chercher
Quelque vigoureux satellite
Qui puisse tôt le dénicher.

D'un exploit aussi méritoire,
Croyez-moi, chargeons un huissier :
Il n'en a pas perdu mémoire,
Chasser les gens fut son métier. —

Dans tous les coins de l'empyrée,
A cet avis on applaudit ;
Et l'escouade rassurée
De toutes parts se répandit.

Avec une voix de tonnerre
Un héraut se mit à crier :
— Le ciel requiert le ministère
D'un huissier ! Qu'il vienne un huissier ! —

En vain sa grosse voix de dogue
Mainte et mainte fois s'éleva ;
Des saints on lut le catalogue :
Pas un huissier ne s'y trouva.

EPITAPHE D'UN CHAT.

———

1780.

Ci-gît un illustre matou
Qui, sur un toit faisant le fou,
Se laissa choir et se rompit le râble.
Vous qui servez l'aveugle enfant,
Amis, pleurez le pauvre diable
Et gardez-vous d'en faire autant.

LE SERMENT ÉQUIVOQUE.

1780

Dans une anglicane cité (1),
Nous dit un livre très-vanté (2),
Au bout d'un an de mariage,
Celui qui peut, avec serment,
Affirmer que dans son ménage
Il n'eut aucun désagrément;
Dire que du poids de sa chaîne
Il ne se repentit jamais,
Et que la plus légère peine
N'en a point altéré la paix;

(1) Dumnow, dans la province d'Essex.
(2) L'Encyclopédie.

Reçoit un présent remarquable (1)
Des citoyens et du seigneur ;
Puis dans un registre honorable
On tient note de son bonheur.

Trois ont juré, nous dit l'histoire,
Pendant le cours de cinq cents ans.
Ils ont juré, l'on peut le croire ;
Mais ils étaient tous trois... Normands.

(1) Une flèche de lard.

LE MARI BORGNE.

CONTE

Tiré des Nouvelles de la Reine de Navarre (1).

———

Avril 1780.

Fin contre fin ne réussit jamais.
De ce vieux mot la preuve n'est pas rare.
En son recueil la reine de Navarre
Nous en fournit plusieurs excellents traits.

Dans Alençon vivait l'aimable Lise,
Femme à vingt ans d'un homme à barbe grise.
Dame nature, en formant son époux,
L'avait fait borgne et, qui pis est, jaloux.

(1) C'est la 16ᵉ nouvelle: *Le borgne aveugle.* Pn. L.

Or chez hymen de pareils caractères
Avec amour ne se rencontrent guères.
Le vieil époux est amoureux sans fruit;
Et sa moitié brûle et périt d'ennui.

Il est cruel de mettre la jeunesse
Près de la froide et mourante vieillesse.
C'est l'intérêt qui forme de tels nœuds,
Mais l'intérêt ne fait pas des heureux.

Amour, touché des chagrins de la dame,
S'en attendrit êt voulut les finir.
Un jouvencel adroit et plein de flamme
Fut député par lui pour la guérir.

La jeune Lise à sa vive éloquence,
Pendant huit jours, en femme résista;
Mais de son cœur la sombre indifférence
Bientôt s'enfuit; l'amour seul y resta.

Sans son époux Lise trouva Cythère;
Mais le barbon soupçonna le mystère,
Et très-souvent ses efforts inquiets
De nos amants renversaient les projets.

Le dieu malin rit de la jalousie ;
Tendres amants, il sait vous en venger,
Et maintes fois sa féconde industrie
Vient à propos vous tirer du danger.

Un jour l'époux en la ville prochaine
Feignit d'aller pour cas intéressant.
Il annonça qu'il devait être absent,
Bien malgré lui, pour plus d'une semaine.

Lise à ces mots laissa couler des pleurs.
Etaient-ils nés de joie ou de tristesse?
De ses adieux quelle fut la tendresse?
Je vous le laisse à deviner, lecteurs.

Le mari loin, bientôt de son voyage
Le jouvencel fut par la dame instruit,
Et, pour lui faire oublier son veuvage,
Le même soir, chez elle il se rendit.

Quand il fit nuit, terminant sa campagne,
Notre vieillard rentra dans Alençon ;
Et, soupçonnant quelque peu sa compagne,
Incontinent courut à sa maison.

Contre la porte il frappe comme quatre,
Menace, peste, et jure de l'abattre.
Nul ne répond... Le tremblant jouvencel
Maudit alors sa maîtresse et le ciel.

— De mes faveurs, ami, montrez-vous digne.
Cher jouvencel, qui doit craindre?... c'est moi.
Sous ce rideau sans bouger soyez coi,
Vous sortirez dès que je ferai signe. —

Pendant ce temps le vieillard en courroux,
Pour faire ouvrir, multipliait ses coups.
L'épouse alors, imitant à merveille
Femme endormie et qui soudain s'éveille :

— Qui vient, dit-elle, et fait tapage ainsi?
Retire-toi, voleur, vide-bouteille !
Si mon époux, hélas ! était ici,
Tu n'en serais quitte pour une oreille.

— Au nom de Dieu, ma femme, viens m'ouvrir!
Reconnais-moi ! c'est ton mari, ma mie !
Par le gros temps forcé de revenir,
De voyager j'ai perdu la folie.

—Serait-ce vous, à minuit, cher époux?
Dit la donzelle ouvrant la porte.
Quoi! surprend-on sa femme de la sorte!
En ce moment, las! je rêvais à vous.

Que je bénis la fin de ce voyage!
Car à mes sens un ange est apparu,
Lequel m'a dit que de votre œil perdu,
Par grand bonheur aviez repris l'usage.

Songes, dit-on, nous trompent rarement.
Hélas! monsieur, souffrez que votre Lise
De ce miracle elle-même s'instruise;
Hier j'en eus certain pressentiment. —

Parlant ainsi, la Normande sans rire
A son mari caresses prodiguait;
Et, d'une main, tenant le chef du sire,
D'ardents baisers sans cesse l'accablait.

Puis, sur cet œil que madame nature
Faisait servir tout seul à sa figure,
En folâtrant, l'autre main se plaça
Et le bonhomme aveugle demeura...

Ce geste était le signal de la fuite
Du jouvencel ; il saisit le moment ;
De son réduit il sort tout doucement,
Gagne la porte et s'échappe au plus vite.

— Serait-il vrai, mon pronostic heureux ?
Ami, dis-moi si ta faible paupière
Donne passage à la douce lumière
Et si les corps vont se peindre à tes yeux ?

— O tendre cœur, tu n'as fait qu'un vain songe,
Dit le vieillard ; cet ange t'a trompé.
Il devrait bien rougir de son mensonge !
Mais, par bonheur, je le crois décampé. —

LA FIDÉLITÉ.

CONTE

Extrait du vieux roman de Pirceval le Gallois.

———

Janvier 1781.

I.

Gauvain, l'un des bons chevaliers
De la célèbre Table-Ronde,
Et le plus sage des guerriers
Dont s'honorait alors le monde,
Venait, pour prix de ses vertus
Et de la plus constante flamme,
D'épouser une noble dame
En présence du grand Artus.

Le lendemain de cette fête,
Derrière lui sur son cheval,
Il mit en croupe sa conquête,
Suivant l'us de ce temps loyal.
Dans une paisible retraite
Et loin du fracas de la cour
Ce héros voulait tête à tête
Réunir l'hymen et l'amour.

En faisant trotter sa monture,
Notre couple s'acheminait
Et joyeusement devisait
Sans penser à nulle aventure.
Un inconnu paraît soudain.
Il veut disputer le passage
Et tient à Gauvain ce langage,
Visière basse et lance en main :

— Halte-là ! soldat téméraire !
Je réclame cette beauté.
A mon bras nul n'a résisté ;
Voilà mon droit ! crains ma colère !
— Sans peine, je pourrais punir,
Répond Gauvain, ta vile offense.

Dans les combats à toute outrance
Jamais on ne m'a vu pâlir !

Mais ce n'est point avec la lance
Que je veux te vaincre en ce jour,
Et de ma trop juste vengeance
Je me repose sur l'amour...
Chevalier, cette demoiselle
A bien des titres m'appartient :
Dieu même a serré mon lien
Et j'ai brûlé dix ans pour elle.

Je souscris à sa volonté.
Oui, si pour toi son choix prononce,
A mon épouse je renonce ;
Qu'elle te suive en liberté !... —
De cette indiscrète promesse
Bien se contenta l'étranger,
Et la beauté resta maîtresse
De se choisir un chevalier.

Gauvain, tu juges de ta dame
Par ton antique et tendre ardeur !

6

Ignores-tu qu'elle est ta femme?...
Es-tu bien certain de son cœur?...
Hélas! je rougis de le dire,
Sexe trompeur, sexe adoré...
La dame abandonna le sire
Et l'inconnu fut préféré.

II.

Seul et confus de son veuvage,
Gauvain, maudissant tour à tour
Et son épouse et son amour,
Poursuivait son triste voyage.
Dans sa douleur il lui restait
Pour compagnon un chien fidèle,
Qui de la perte de la belle
En le suivant le consolait.

Chez lui Gauvain l'avait vu naître;
Et l'animal reconnaissant
Semblait, en ce cruel instant,
Partager les maux de son maître.
Ce chien, qui ne l'aurait aimé!
Il avait tout, beauté, courage...
La dame le croyait volage;
De sa part il fut réclamé.

— Tu viens au nom d'une traîtresse,
Répond Gauvain au chevalier,
Me demander un lévrier
Qui seul adoucit ma tristesse.
Ma faible et coupable moitié,
Que sans regret je sacrifie,
Veut encore à mon amitié
L'arracher avec barbarie.

Qu'entre nous deux il fasse un choix!
Oui! si comme elle il veut te suivre,
S'il veut obéir à ta voix,
Je l'abandonne et te le livre... —
Le chevalier lors, mais en vain,
Lui fit caresses et menaces
Pour qu'il voulût suivre ses traces...
Le lévrier suivit Gauvain.

LE NOUVEL IMPÔT.

CONTE. (¹)

———

Mai 1782.

—Nous soutenons une guerre coûteuse,
Disait à son conseil un souverain prudent,
Et, pour la terminer d'une manière heureuse,
   Il nous faudrait encor beaucoup d'argent...
      D'où le tirer? quel parti prendre?
      Développez-moi vos projets.   [fendre,
Mais songez bien, messieurs, que je voudrais dé-
Et non pas accabler mes fidèles sujets. —

(1) L'idée fondamentale de ce conte appartient à Swift. Voy.
les Voyages de Gulliver, ch. vi du Voyage de Laputa. Ph. L.

Le premier croit qu'il faut pressurer l'industrie.
L'un conseille un emprunt, l'autre une loterie.
   Un quatrième est ensuite d'avis
   Qu'il faut taxer les bienfaits de la terre,
Et doubler les impôts qu'un bon prince avait mis
   Pour subvenir aux frais d'une autre guerre.
— Triplons, dit le suivant, la capitation.
— Sire, mettez le luxe à contribution,
   S'écrie un autre, et sur les équipages,
    Les chiens, les chevaux, les laquais,
    Les mets exquis, les filles, les palais,
    On peut asseoir des impôts sages. —

Chacun des opinants sut très-bien discourir
    Sur les effets de son système,
    Et démontra par un dilemme
Qu'en ne le suivant pas l'Etat allait périr.

   — De tous ces plans aucun n'est admissible,
    Dit le plus jeune au souverain ;
Je vous en présente un plus juste, plus possible,
    Dont le succès sera certain.
Vous verrez vos sujets, sans commis, sans contrainte,
    Dans vos coffres verser leur or.
    Ils grossiront votre trésor
Sans proférer jamais ni murmure ni plainte.

Il faut taxer la probité,
La grandeur d'âme, la sagesse,
L'humanité, la politesse;
L'honneur et la sincérité.
Imposez aussi le courage;
Et contentez-vous d'un écu
Pour le prix de chaque vertu
Que le ciel aux humains peut donner en partage.
N'oubliez pas les talents, la science,
Le bel esprit, les traits charmants,
Les qualités du corps, la force, l'élégance;
Les grâces et les agréments. .
Pour répartir l'impôt avec justice
Et ne point redouter la fraude, la malice,
Je connais, sire, un excellent moyen :
C'est de s'en rapporter à chaque citoyen...
Faites ouvrir dans votre empire
Des registres *de vérité*
Où tout individu pourra se faire inscrire,
Et dans iceux sans partialité,
Faire noter ses vertus, sa figure
Et les talents qu'il doit à la nature.
D'après sa déclaration
(Qui sûrement sera sincère),
Sur le tarif du ministère
Chacun verra fixer son imposition.

Cet avis plut beaucoup au prince.
Par son ordre à l'instant on rédigea l'édit.
Trois jours après, à la cour, en province
Il fut public ; partout on l'applaudit.

En peu de temps une foule innombrable
Au trésor apporta ses vertus, son argent ;
Et, d'une ardeur inconcevable,
On y vit accourir le riche, l'indigent,
Le magistrat, le militaire,
Les grands, le clergé, le vulgaire.
On remarqua même le procureur
Et le suppôt de la finance,
D'un air modeste et plein de confiance,
Payant un double impôt pour afficher l'honneur.
Toutes les femmes furent belles ;
Tous les petits-maîtres heureux.
Ils n'en trouvaient point de cruelles ;
Et tous étaient taxés sur leurs propres aveux.

On recueillit ainsi des subsides immenses.
Par leur secours on eut des hommes, des vaisseaux ;
Et, pouvant soutenir de très-grandes dépenses,
On s'assura des triomphes nouveaux.

A de si grands moyens les ennemis cédèrent.
Pressés de toutes parts, abattus pour jamais,
    Grâce au vainqueur ils demandèrent
    Et de lui reçurent la paix.

    — Elle est, dit le roi, votre ouvrage
    C'est vous, jeune homme ingénieux,
    Qui de ce bonheur précieux
    Nous faites goûter l'avantage.
Je veux qu'en mon trésor on fasse le dépôt
    De ces registres mémorables
Où chacun librement a fixé son impôt;
Ils seront pour mon règne en tous temps remarquables.
    La sévère postérité
Verra que mon Etat d'une funeste crise
    Fut tiré par la vanité,
    Le ridicule et la sottise!

MOT DE SOCRATE.

———

Juin 1784.

— Vous me croyez savant ; selon vous, la nature,
  Disait Socrate, est pour moi sans secrets ;
      Des passions, de leurs effets,
De la morale enfin j'ai connaissance sûre...
Le savoir est pour l'homme un véritable bien.
Je le cherche sans cesse ; aux dieux je le demande.
Mais sur mon compte, amis, votre erreur est bien grande ;
Car *tout ce que je sais, c'est que je ne sais rien.*

      Aujourd'hui quelle différence !
De tous côtés l'on répète, on écrit
      Que l'empire de notre esprit
S'étend sur tout, qu'il est certain, immense...

Jamais on ne parla d'un ton plus animé.
De ne rien ignorer chacun de nous se flatte;
    Et, dans notre siècle éclairé,
· On sait tout, excepté ce que savait Socrate.

Voyez au *Catalogue* l'indication complète des poésies du président. Ses couplets pour la fête de son père sont insérés ci-après à l'article généalogique de Jean-Bernard Riboud. Sa jolie pièce intitulée : *A quelques membres de la Société littéraire de Lyon*, est insérée dans mon opuscule : *Thomas Riboud et la Société littéraire de Lyon*.

CATALOGUE.

Avertissement.

Pour se faire une idée juste des habitudes laborieuses et de l'activité d'esprit de Thomas Riboud, il faut parcourir la liste de ses ouvrages et considérer qu'il les composa pendant qu'il préparait des plaidoyers et des mémoires de procès, pendant qu'il remplissait d'importantes fonctions dans la magistrature et l'administration, pendant qu'il écrivait les procès-verbaux d'une commission législative, pendant qu'il rédigeait la correspondance, les programmes et les délibérations de la Société d'Emulation, dont il fut si longtemps le secrétaire, pendant qu'il élevait une famille de sept enfants, pendant qu'il gérait une fortune immobilière de 500,000 francs.

Cette liste complète de ses écrits sera utile aux personnes qui voudraient les recueillir ou les consulter.

Ph. L.

ÉCRITS DU PRÉSIDENT RIBOUD.

Littérature. — Poésie.

1777 *Les animaux et la fauvette.* — *Epître à saint Côme.* — *A un ami*, épître familière.

1778 *Bouquets*, quatre compliments. — *L'éloquence travestie ou le bavardage*, poème de 300 vers. — *Le chapitre des Bernardins*, poème héroï-comique de 500 vers. — *Voyage au palais de l'hymen*, poème de 500 vers. — *Deux logogriphes.* — *Sur l'apothéose de Voltaire.* — Quatrain pour *Washington.* — *Epitaphe de Voltaire.* — *La métempsycose.* — *Moralité sur le mépris de la mort.*

1779 *Le printemps*, idylle. — Madrigal *sur le mariage de M. Delandine.* — *Les souhaits*, sur le même sujet. — *La ceinture.* — *Le lion médecin*, conte tiré de Rabelais. — *Les adieux inquiets*, conte. — Deux épigrammes. *L'ange Gabriel*, nouvelle de Bocace, 500 vers.

1780 *Aux muses.* — *Les pleurs de la fiancée*, conte. — *A un ami en lui envoyant des poulardes.* — *Histoire d'Angleterre.* — *Le serment équivoque.* — *La fille mal placée.* — *Epitaphe d'un chat.* — *Le mari borgne*, conte. — *D'une pierre deux coups*, conte. — *La formalité nécessaire*, conte. — *La prosodie*,

7

conte. — *Plaintes d'une demoiselle sur la mort d'un serin.*

1781 *Stances sur le goût des antiquités. — La fidélité,* conte. — *La promesse,* conte. — *La souris affamée. — Ode à Therpsycore.*

1782 *Le nouvel impôt,* conte. — *Epître à M. Maret fils. — Contre M. Sage. — A quelques membres de la Société littéraire de Lyon.*

1784 *Les deux phénomènes,* conte russe. — *Mot de Socrate.*

Sans date. *Couplets pour la fête de Jean-Bernard Riboud.*

Littérature. — Prose.

———

Imprimés.

1785 *Etrennes littéraires ou almanach offert aux amis de l'humanité par M. R. pour l'année 1785.* (Noms des saints remplacés, sauf quelques-uns, par des noms illustres, idée neuve alors, dont s'emparèrent bientôt les faiseurs d'almanachs). — 24 p. in-8°; 1785.

1785 *Eloge d'Agnès Sorel, surnommée la Belle Agnès, lu à la Société d'Emulation de Bourg-en-Bresse, le 23 septembre 1785, par M. Riboud, procureur du roi..., subdélégué en Bresse, des académies de Dijon, Bordeaux, Lyon, Arras, etc., secrétaire perpétuel de la Société d'Emulation.* — 40 p. in-8°; Lyon, 1785.

An V *Discours sur l'enseignement dans les écoles centrales, prononcé à l'ouverture de celle du département de l'Ain le 1er nivôse an V, par Thomas Riboud, membre du jury central d'instruction publique.* Imprimé à la suite du procès-verbal de l'ouverture de l'école centrale. — 40 p. in-8°; Bourg, an V.

An VII *Honneurs funèbres rendus au général Joubert par les citoyens de son département, qui se sont trouvés à Paris le 19 fructidor an VII.* Discours du citoyen Riboud, membre du conseil des Cinq-Cents, et de Léger-Félicité Sonthonax. — 28 p. in-8°; Paris, an VII.

An X. *Nécrologie. Notice sur Xavier Bichat.* — 4 p. in-8°, dans l'Annuaire de l'Ain pour l'an XI; reproduction du Journal de l'Ain du 15 fructidor an X.

1813 *Discours prononcé par M. le chevalier Riboud, député du département de l'Ain, en annonçant au Corps législatif la mort du général Dallemagne, l'un des députés du même département.* — 8 p. in-8°; Paris, 1813.

1820 *Notice sur Théodore Brossard de Montancy, agriculteur, homme de lettres et magistrat à Bourg, dans le 17e siècle.* — 8 p. in-8°; tiré à part du Journal de la Société d'Emulation.

1821 *Biographie. Extrait d'une notice de M. Chapuis sur le P. Favre, jésuite, du Grand-Abergement en Bugey.* — 5 p. dans le même journal.

1822 *Note sur la prononciation oratoire.* — 2 p. dans le même journal.

1823 *Notice biographique sur M. Levrier, ancien lieutenant général au bailliage de Meulan, etc.* — 8 p in-8°, tiré à part du même journal.

Manuscrits.

1774 *Pensées philosophiques.* (31 mots traités.) — 24 p.

1778 *Discours sur l'influence réciproque de l'amitié sur les lettres et des lettres sur l'amitié.* — 27 p.

1779 *Lettres sur les journaux, correspondance entre le chevalier Durozier et son ami Scripticorax.* — 28 p.

1779 *Relation curieuse et véritable de la mer-*
veilleuse vision advenue à maître Fiacre
Paillarix, inspecteur général des cuisines et
petites-maisons de Cythère. (Eloge burlesque
de Rabelais.) — 26 p.

1783 *Eloge de M. Monnier.*

1784 *Eloge de M. Golléty.*

1786 *Eloge de MM. Poivre et Maret.* — 10 p.

1787 *Eloge de MM. Perrier et de Garnerans.* —
10 p.

1790 *A l'Assemblée nationale.* (Pétition faite au
nom du directoire du département de l'Ain
pour ne pas vendre les livres des chartreuses
et des maisons religieuses, et pour en former
à Bourg une bibliothèque publique.) — 8 p.

1798 *Notice de mon voyage en Flandre.* — 54 p.

1802 *Hommage à la mémoire des citoyens Ozun,*
préfet de l'Ain; Gillot, médecin à Nantua;
Xavier Bichat, médecin de l'Hôtel-Dieu de
Paris, etc. (L'éloge de Bichat est imprimé.)
— 16 p.

1803 *Eloge de Charles-Henry Faydeau de Brou,*
intendant de Bourgogne et Bresse, Bugey, etc.,
ancien conseiller d'Etat, membre de la Société
d'Emulation. — 12 p.

Histoire. — Archéologie.

Imprimés.

1785 *Dissertation sur une trompe ancienne en ivoire.* — Impr. dans le Journal des Savants de mars 1785. (Travail refondu dans la *Description de l'olyphant.)*

1788 *Dissertation sur une inscription du jardin de M. Lescuyer, avocat.* — Impr. dans les journaux. (C'est l'inscription reproduite p. 14 des *Considérations sur Brou* avec une nouvelle dissertation.)

An X *Mémoire statistique et historique sur la ville de Bourg.* — 52 pages in-8°; tiré à part de l'Annuaire de l'Ain pour l'an X.

An XI *Mémoire sur les monuments d'Izernore,* lu à l'Institut en l'an VII. — 40 p. in-8°; tiré à part de l'Annuaire de l'Ain pour l'an XI.

1806 *Recherches sur l'origine, les mœurs et les usages de quelques communes voisines de la Saône, par M. Th. Riboud, correspondant de l'Institut national, membre de diverses Académies et Sociétés nationales et étrangères, secrétaire de celle de l'Ain, etc.* — 44 p. in-8°; tiré à part de l'Annuaire de l'Ain pour 1806. Réimprimé avec abréviations dans le tome V des Mémoires de l'Académie celtique.

1810 *Indication générale des monuments et anti-*

*quités du département de l'Ain, par M. Th.
Riboud, membre du Corps législatif et de la
Légion-d'Honneur, président de la Cour de
justice criminelle de l'Ain.* — 52 p. in-8°; tiré
à part de l'Annuaire de l'Ain pour 1810.

1811 *Dissertation sur l'ancienneté de la ville de
Bourg et sur les différents noms qu'elle a
portés, contenant des détails sur deux inscriptions* (Tanus et Fidelitas-Fi) *propres à
éclaircir cette discussion historique.* — 40 p.
in-8°; Bourg, 1811. (V. sur la pierre Tanus
une nouvelle dissertation, p. 18 et suivantes
des Nouvelles Recherches sur les monuments
de la prison.)

> Cette pierre qui gît comme une pierre vile
> Dans l'ignoble terrain des graviers de la ville,
> Exposée au marteau des casseurs de cailloux,
> Cette pierre à l'écart que chacun frappe et blesse,
> Cette pierre est pourtant le titre de noblesse
> Dont nous devons, Bressans, être le plus jaloux.

1816 *Eclaircissements sur l'inscription latine
relative à la Société académique existant à
Bourg en 1536.* — Impr. dans le J. de l'Ain
du 3 juillet 1816. (V. l'inscription, p. 50 de
l'*Indication générale des monuments,* et un
aperçu de cette dissertation, p. 50 des *Notes*
sur les travaux de la Société d'Emulation de
1813 à 1816.)

1817 *Rapport sur les vestiges d'antiquités recon-
nus dans la démolition de la prison de Bourg.*
— 36 p. in-8°; Bourg, 1817. — Inséré aussi
dans le Journal de la Société d'Emulation.

1818 *Recherches sur les monuments découverts*

dans la démolition de la prison de Bourg. — 66 p. in-8°; tiré à part de l'Annuaire de l'Ain pour 1818.

1820 *Nouvelles Recherches sur les mêmes monuments.* — 46 p. in-8°; tiré à part de l'Ann. pour 1820.

1818 *Notice sur un fragment d'inscription latine, trouvé dans la maçonnerie d'une tourelle du palais de justice, à Bourg.* — 16 p. in-8°, dans le Journal de la Société d'Emulation.

1819 *Examen d'un fait historique relatif à la minéralogie du département de l'Ain et pays circonvoisins.* — 24 p. in-8°; tiré à part du même Journal. (Cette dissertation, que son titre a fait classer parmi les écrits sur la minéralogie, doit aussi figurer dans cette série : elle traite une question qui fera longtemps les délices des dissertateurs, la fameuse question de la position géographique des Sébusiens ou Ségusiens que César nomme *Sebusiani* ou *Segusiani,* suivant les éditions, et que les savants du jour nomment *Segusiavi, Segusiaves,* sur l'autorité fort suspecte d'une inscription grossière.)

1819 *Description d'un olyphant ou grand cornet d'ivoire, chargé de bas-reliefs, trouvé dans la chaîne méridionale des montagnes du Bugey.* — 70 p. in-8°; tiré à part de l'Annuaire de l'Ain pour 1819.

1820 *Eclaircissements ultérieurs et confirmatifs sur l'olyphant.* — 14 p. in-8°; tiré à part de l'Annuaire de l'Ain pour 1820.

1821 Questions relatives à l'histoire du département de l'Ain, sous ce titre : *Archéologie. — Histoire.* — 16 p. in-8°; tiré à part du Journal de la Société d'Emulation.

1821 *Formation d'une collection de monuments antiques, à Belley.* — 5 p. in-8° dans le même Journal.

1821 *Détails et notions historiques sur d'anciens et nombreux tombeaux trouvés en différents lieux du département de l'Ain.* — 38 p. in-8°; tiré à part de l'Annuaire de l'Ain pour 1821.

1822 *Commission médicale envoyée à Barcelone.* (Compte-rendu des projets de médailles et d'inscriptions présentés par M. Belloc pour le monument Mazet.) — Journal de l'Ain du 28 mai 1822.

1817 *Détails sur une inscription latine, trouvée enfouie dans un des bâtiments dépendant de l'église de Brou.* — 16 p. in-8°, dans le Journal de la Société d'Emulation. — (Dissertation refondue dans l'ouvrage qui suit.)

1823 *Considérations et recherches sur les monuments anciens et modernes du territoire de Brou.* — 60 p. in-8°; tiré à part de l'Annuaire de l'Ain pour 1823.

1824 *Essai sur l'étude de l'histoire des pays composant le département de l'Ain par la recherche et l'observation des monuments. Première partie.* — 60 p. in-8°; tiré à part de l'Annuaire pour 1824.

1825 *Deuxième partie de cet Essai.* — 68 p. in-8°; tiré à part de l'Annuaire pour 1825.

1827 *Troisième et dernière partie du même Essai.* — 51 p. in-8°; tiré à part de l'Ann. pour 1827.

Manuscrits.

1780 *Description de la Bresse.* (Notes statistiques et historiques disposées par ordre alphabétique.) — 200 p.

1781 *Journal domestique général* (de 1781 à 1827, contenant des pages intéressantes sur les affaires publiques). — 2 registres in-fol.

1785 *Notes sur la situation des communautés de Bresse en* 1785. (Copie du travail que Th. Riboud fournit comme subdélégué de l'intendant de Bourgogne. Cette copie présente le résumé des réponses faites en 1670 à l'intendant Bouchu et un grand nombre de notes postérieures à 1785 écrites de la main de Th. Riboud.) — 2 gros vol. in-fol.

1787 *Lettre sur une hache de cuivre trouvée près de Pont-de-Vaux.* — 12 pages. (Dissertation mentionnée page 15 de l'Indicat. gén. des Monuments.)

1790 *Réquisitoire de M. le procureur général syndic* (Th. Riboud) *pour la conservation de l'église et maison de Brou,* suivi de l'arrêté conforme du directoire du département de l'Ain, du 2 décembre 1790. — 8 p.

Cette pièce, que j'ai fait imprimer dans *l'Eglise de Brou et la Devise de Marguerite d'Autriche,* dont je garde une expédition authentique, constate la part prise par Th.

Riboud à la conservation de notre précieux monument. M. Gauthier des Orcières, député de l'Ain, soutint la réclamation du département dans le sein de l'Assemblée nationale. Mais l'honneur de l'initiative reste incontestablement à Th. Riboud.

1802 *Notice sur deux anneaux antiques trouvés près de Groissiat.* — 4 pages. (V. la Notice des travaux de la Société d'Emulation pour les ans X et XI, p. 26, et l'Indic. gén. des Monum., p. 27.)

1807 *Description de l'auge de Brénod.*

1812 *Sur quelques monuments d'Autun.* — 4 p.

1822 *Commission des antiquités. Rapport sur ses travaux et recherches depuis son organisation.* — 22 p.

Minéralogie, Physique et Histoire naturelle.

—

Imprimés.

1783 *Mémoires sur les causes de la cristallisation de la glace en filets perpendiculaires à la surface de la terre.* — Imprimé dans les Mémoires de l'Académie de Dijon, 1784.

1784 *Observations sur la durée de la vie de certains insectes.* — Imprimé dans le Journal de Physique de mars 1787 et dans l'Esprit des Journaux, août 1787.

1784 *Projet d'un canal du Rhône au lac de Genève,* 1784. — Fragment de 3 pages inséré dans le Journal de la Société d'Émulation de l'Ain, année 1813.

1785 *Mémoire sur le tremblement de terre du* 15 octobre 1784. — Imprimé dans les Mémoires de l'Académie de Dijon.

1787 *Observations sur la vallée de Drom et son lac souterrain.* — Impr. dans le Journal de Physique de juillet 1788.

1788 *Mémoires sur des os colorés en bleu, trouvés près de Bourg en* 1780. — Impr. dans le J. de Physique, 1788, et dans les Mém. de l'Acad. de Dijon. — Analyse, p. 20 de l'*Essai sur la minéralogie.*

1798 *Exposition et emploi d'un moyen intéressant de disposer des eaux pour les travaux publics, l'agriculture, les arts, etc.* — 38 p. in-4° avec 2 planches ; Paris, an VI (1798). —Reproduit en entier dans le J. de Physique avec les planches.

An X *Thomas Riboud, membre associé de l'Institut national, etc., aux rédacteurs du Journal de l'Ain.* —(Réclamation de priorité d'invention contre le citoyen Jandeau, de Genève.) — Journal de l'Ain du 20 floréal an X.

An X Seconde lettre *aux Rédacteurs du Journal de l'Ain.* — (Réplique au citoyen Jandeau.) — Journal de l'Ain du 10 messidor an X.

An IX *Mémoire sur la topographie du département de l'Ain, sur la culture générale et quelques espèces d'arbres qui y deviennent rares.* — 40 p. in-8°; tiré à part de l'Annuaire de l'Ain pour l'an IX.

An XII *Recherches sur les substances minérales inflammables qui peuvent exister dans le département de l'Ain, et être appliquées à divers usages utiles.* — 42 p. in-8°; tiré à part de l'Annuaire de l'Ain pour l'an XII.

1807 *Essai sur la minéralogie du département de l'Ain pour servir à sa statistique.* — 56 p. in-8°; Bourg, 1807.

1812 *Observations sur le cours et la perte du Rhône, entre le fort de l'Écluse et Seyssel, et sur les moyens proposés jusqu'ici pour le rendre navigable en cette partie.* — 68 pages in-8°; Bourg, 1812.

1817 *Notice sur une secousse de tremblement de de terre, éprouvée le* 11 *mars* 1817 *dans le département de l'Ain.* — 7 pages in-8°, dans le Journal de la Société d'Émulation, 1817.

1817 *Addition* à la Notice précédente. — 7. p. in-8°, dans le même Journal.

1819 *Détails sur les eaux minérales de Ceyzériat.* 21 p. in-8°, dans le même Journal.

1819 *Examen d'un fait historique, relatif à la minéralogie du département de l'Ain et pays circonvoisins.* — 24 p. in-8°; tiré à part du même Journal.

1820 *Observations sur la présence de grains de maïs à l'intérieur d'un grand nombre de bourses ou nids de chenille, dans les bois de Treffort, au printemps* 1820. — 17 pages in-8°, dans le même Journal.

1821 *Observations sur la diminution des eaux de la Reyssouze en amont de Bourg.* — 24 p. in-8°; tiré à part du même Journal.

1822 *Rapport et observations sur les secousses de tremblement de terre éprouvées en février* 1822 *dans plusieurs départements de l'est de la France, et particulièrement en celui de l'Ain et dans la Savoie et la Suisse.* — 32 p. in-8°; tiré à part du même Journal.

1824 *Commotions terrestres dans le département de l'Ain.* — 10 pages in-8°, dans le même Journal.

Manuscrits.

1779 *Notes sur la physique, l'histoire naturelle, etc., commencées en* 1779. — 500 pages.

1783 *Dissertation sur un phénomène solaire du genre des parhélies, observé à Bourg le* 17 *mai* 1780.

1785 *Lettre à M. de Lalande sur un enfant extraordinaire né à Bublane en Bresse au mois de juin* 1785.

1785 *Description d'une chenille curieuse.*— 13 p.

1798 *Mémoire sur les moyens de secourir les individus enveloppés par les flammes dans les maisons embrasées.* — 48 p. et 4 planches.

1802 *Sur une poudre brillante trouvée près d'Intriat.* — 4 p. (V. l'Essai sur la minéralogie.)

1803 *Les bords de l'Ain et la Grotte de Corveissiat; fragment d'un voyage dans le département de l'Ain.* — 4 p.

1804 *Observation sur les goîtres dans la vallée de Chamouny.* — 4 p.

1807 *Observation sur les aiguilles du Mont-Blanc et leurs fragments.* — 4 p.

1811 *Observations présentées à la Société d'Emulation sur l'acquisition du cabinet d'histoire naturelle du marquis de Grollier.* (La Société le remit à M. de Belvey. La famille de Belvey le céda en uite à Mgr Devie pour le petit séminaire de Belley.) — 6 p.

Agriculture.

Imprimés.

1785   Réquisitoire du 16 novembre 1795 *pour la destruction des nids de chenilles,* suivi de l'ordonnance des officiers du bailliage de Bresse. — Affiche ; Bourg, 1785.

An XIII *Observations sur quelques objets principaux d'amélioration en agriculture et économie rurale dans le département de l'Ain.* — 102 p. in-8°; tiré à part de l'Annuaire de l'Ain pour l'an XIII.

1809   *Notice sur les plantations d'été et description d'une plantation de ce genre, exécutée à Paris par le sénateur Davous.* — 24 pages in-8°; Bourg, 1809.

1810   *Mémoire sur les différentes espèces de haies et clôtures usitées dans le département de l'Ain.* — 36 p. in-8°; Paris, 1810.

1818   *Desséchement et mise en valeur de marais situés sur le territoire de Polliat.* — 52 p. in-8°; tiré à part du Journal de la Société d'Emulation.

1820   *Exemple remarquable d'ente naturelle par approche.* (Description des *chênes mariés* de la forêt de la Rousse près Simandre.) — 6 p. in-8°, dans le J. de la Société d'Emulation.

1820 *Sur le changement des semences.* — 10 p. in-8°, dans le même Journal.

1821 *Notice sur le troupeau de mérinos de Naz.* — 16 p. in-8°; tiré à part du même Journal.

1822 *Notes sur les mérinos de Naz.* — 2 p. in-8°, dans le même Journal.

1822 *Notice sur la manière d'élever et engraisser les volailles en Bresse.* — 7 p. in-8°, dans le même Journal.

1822 *Procédé éprouvé à Milan pour la reproduction des truffes noires.* — 5 p. in-8°, dans le même Journal.

(Le *Mémoire sur les sols calcaires et siliceux,* attribué à Th. Riboud par M. Garadoz, est de M. Puvis. Voyez le Compte-rendu des Travaux de la Société d'Emulation pour 1813.)

Manuscrits.

1786 *Réquisitoires des 11 mars et 1er juillet 1786 pour la destruction des chenilles.* — 8 p.

1802 *Essai de culture de l'arachide ou pistache de terre.* — 4 p.

1803 *Description des hautains dans le Chablais.*

1806 *De l'utilité d'un haras dans le département de l'Ain.* — 6 p.

Société d'Emulation.

Imprimés.

1783 *Discours lu à la première séance de la Société d'Emulation de Bourg-en-Bresse,* suivi d'une *Notice* sur cette Société et de la liste des ouvrages lus jusqu'au 1er septembre 1783. — 48 p. in-8°; Lyon, 1783. (Au commencement de la Notice, Th. Riboud semble faire honneur à Lalande de la fondation de la Société d'Emulation; mais on voit plus loin que c'est une simple politesse et qu'il est lui-même le véritable fondateur, comme le prouve du reste mon opuscule : *l'Eglise de Brou et la Devise de Marguerite d'Autriche.)*

1788 *Indication des principaux objets qui peuvent fixer en Bresse l'attention et les travaux de la Société d'Emulation.* — 12 p. in-8°; Bourg, 1788.

1789 *Tableau général des ouvrages lus de janvier 1783 à janvier 1789.*—32 p. in-8°; Bourg, 1789.

An X. *De l'état de la Société au 2 messidor an IX; Discours lu à la séance publique du 30 thermidor an IX.* — 24 p. in-8°; Bourg, an X. (Hommage à la mémoire des membres, victimes de la Révolution.)

An XII *Notice des travaux et de la situation de la Société pendant les années X et XI.* — 52 p. in-8°; Bourg, an XII (1804).

An XIII *Compte-rendu des travaux de la Société pendant les années XII et XIII.* — 46 p. in-8°; Bourg, an XIII (1805).

1806 *Notice des travaux de la Société de novembre 1805 à septembre 1806.* — 84 p. in-8°; Bourg, 1806.

1807 (Le Compte-rendu de 1807 est de M. de Moyria).

1808 *Compte-rendu des travaux et de la situation de la Société de septembre 1807 à septembre 1808.* — 52 p. in-8° ; Bourg, 1808.

1811 (Le Compte-rendu, comprenant les années 1809, 1810 et 1811, est de M. Gauthier-Desiles).

1813 (Le Compte-rendu pour 1812 et 1813 est de M. de Moyria).

1816 *Projet de formation d'un musée départemental.* — 24 p. in-8°; Bourg, 1816.

1817 *Notes historiques et statistiques sur les travaux et la situation de la Société depuis septembre 1813 jusqu'à novembre 1816.* — 72 p. in-8°; tiré à part de l'Annuaire de l'Ain pour 1817.

1819 Mêmes *Notes pour* 1817 *et* 1818. — 80 p. in-8°; Bourg, 1819.

1821 *Exposé historique et statistique des travaux de la Société pour* 1819 *et* 1820. — 120 p. in-8°; tiré à part de l'Annuaire de l'Ain pour 1822.

1822 *Notice des travaux et de l'état de la Société en* 1821 *et partie de* 1822, précédée du *procès - verbal de la séance publique du* 5 *septembre* 1822. — 78 p. in-8°; Bourg, 1822.

Manuscrits.

1784   *Discours sur les travaux de la Société d'Emulation en* 1783. (Séance publique du 28 février 1784.) — 14 p.

1785   *Compte-rendu pour* 1784. (Séance publique du 8 mars 1785) — 14 p.

1785   *Compte - rendu pour* 1785 (contenant un compliment à Lalande qui était présent à la séance. — Séance publique du 19 septembre 1785.) — 10 p.

1786   *Compte-rendu pour* 1786 (contenant l'Eloge de MM. Poivre et Maret. — Séance publique du 5 septembre 1786.) 20 p.

1787   *Compte-rendu pour* 1787 (contenant l'Eloge de MM. de Garnerans et Perrier. — Séance publique du 28 septembre 1787.) 22 p.

1788   *Compte-rendu pour* 1788. (Séance publique du 19 septembre 1788.) — 12 p.

1790   *Discours en donnant sa démission de secrétaire* (pour consacrer plus de temps aux fonctions de procureur général syndic.) — 4 pages.

Il suivit dès-lors les séances comme simple associé. Ce fut lui cependant qui fit encore le

1790   *Compte-rendu pour* 1789 *et* 1790 (mentionnant le projet d'acquérir pour la Société, au prix de 12,000 livres, les bâtiments de l'Arquebuse. — Séance publique du 4 juillet 1790.) — 18 p.

A partir de juillet 1789, les réunions de la Société furent plusieurs fois interrompues par les événements politiques; elles cessèrent complètement depuis le 13 mars 1793 jusqu'au 21 juin 1801. A cette époque, les membres qui avaient échappé à la Révolution, se rassemblèrent de nouveau, et Th. Riboud reprit le portefeuille de secrétaire.

Administration publique et Législation.

—

Imprimés.

1779 et 1781 *Discours prononcés à la rentrée du bailliage et siège présidial de Bourg-en-Bresse en 1779 et 1781 par M. Riboud, procureur du roi.* — Premier Discours : *Sur la sensibilité dans le magistrat.* Second Discours : *Sur le patriotisme dans le magistrat.* — 36 p. in-8°; Lyon, 1781.

1781   *Discours prononcé à l'assemblée générale du Tiers-Etat de Bresse, tenue à Bourg les 23 et 24 avril.* — 56 p. in-8°; Lyon, 1781.

1783   *Règlement pour la Société politique établie à Bourg au mois de janvier* 1782. — 10 p. in-4°; Bourg, 1783.

1784   *Discours prononcé à l'assemblée générale du Tiers-Etat de Bresse et Dombes, le 27 avril* 1784. (Tableau du règne de Louis XVI.) — 28 p. in-8°; Lyon, 1784.

1787   *Discours sur l'administration ancienne et moderne de la Bresse, prononcé à l'assemblée générale du Tiers-Etat de cette province le* 10 avril 1787 *par M. Riboud, procureur du roi et subdélégué.* — 92 p. in-8°; Bourg, 1787.

1788   *Prospectus de souscription et d'augmentation de secours pour l'établissement de cent vingt lits en fer dans l'hôpital neuf de Bourg-en-Bresse.* — 8 p. in-4°; Bourg, 1788.

1788 *Jugement du grand bailliage de Bourg-en-Bresse qui supprime un écrit intitulé : Esprit des édits enregistrés militairement au parlement de Grenoble.* — 34 p. in-12; Bourg, 1788.

1789 *Lettre d'un député du Tiers-Etat du Bugey à l'assemblée générale des trois ordres de cette province.* — 12 p. in-12; Bourg, 1789.

1789 *Discours prononcé à l'ouverture et à la clôture de l'assemblée générale des trois ordres, tenue à Bourg le 23 mars 1789, sur la nécessité de l'union réciproque entre les trois ordres et le gouvernement.* (Premier Discours, 16 p. in-4°; second Discours, 4 p. in-4°. Tous deux imprimés dans les *procès-verbaux et cahiers de doléances des trois ordres.* Le premier tiré à part.)

1789 *Arrêté de la ville de Bourg, pris en assemblée le 20 juillet* 1789. (Adresse au Roi et à l'Assemblée nationale.) — 8 p. in-8°; Bourg, 1789.

1789 *Proclamation des officiers municipaux, concernant l'établissement d'un grenier d'abondance et la sûreté publique.* — Affiche, Bourg, 1789.

1789 *Ordonnance de M. le lieutenant général du bailliage de Bresse, rendue sur la réquisition de M. le procureur du roi du 14 novembre* 1789, *pour la conservation du bois du clergé et des communautés religieuses.* — Affiche, Bourg, 1789.

1790 *Essai sur les moyens à employer pour subvenir aux besoins publics.* — 48 p. in-8°; Bourg, 1790.

1790 *De l'impôt du timbre. Lettre à M. Riboud et réponse.* — 4 p. in-8°; Bourg, 1790.

1790 *De l'influence que doit avoir la nouvelle forme d'administration sur le département de l'Ain.* Discours lu le 7 juin à l'ouverture de la première session du corps administratif et imprimé par ordre de l'assemblée.—12 p. in-4°; Bourg, 1790.

1790 *Mémoire sur les principaux objets d'administration,* lu le même jour et imprimé par ordre de la même assemblée. — 40 p. in-4°; Bourg, 1790.

1790 *Proclamation de l'assemblée administrative du département de l'Ain* (pour le maintien de la tranquillité publique). — 8 p. in-4°; Bourg, 1790.

1790 *Proclamation de la même assemblée, concernant le versement du produit des biens nationaux et des dîmes dans les caisses du district.* — 8 p. in-4°; Bourg, 1790.

1790 *Rapport sur la gestion du Directoire du département de l'Ain jusqu'au 1er novembre 1790, par M. Riboud, procureur-général-syndic.* — 148 p. in-4°; Bourg, 1790.

1790 *Opinion présentée le 6 novembre 1790 au conseil du département de l'Ain sur la ques-*

tion relative à la réduction des districts. —
44 p. in-4°; Bourg, 1790.

1790   *Extrait des registres du Directoire du dé-*
partement de l'Ain. (Supplique à l'assemblée
nationale et au Roi pour l'établissement du
courrier de Lyon à Strasbourg.)—8 p. in-4°;
Bourg, 1791.

1791   *Proclamation du Directoire du département*
de l'Ain, concernant les biens nationaux, la
contrebande, les délits dans les bois, les droits
féodaux, etc. — 8 p. in-4°; Bourg, 1791.

1791   *Extrait des registres du Directoire du dé-*
partement de l'Ain. (Réquisitoire contre une
Lettre pastorale de Mgr l'évêque de Genève.)
— 8 p. in-4°; Bourg, 1791.

1791   *Arrêté du Directoire du département de*
l'Ain, concernant les ateliers de secours. —
12 p. in-4°; Bourg, 1791.

1791   Autre *arrêté* (contre de prétendues lettres
manuscrites des évêques de Genève et de
Saint-Claude, répandues avec un imprimé
intitulé : Bulle du pape.)— 4 p. in-4°; Bourg,
1791.

1791   *Projet de décret relatif aux liquidations*
et à l'ordre des remboursements de la dette
exigible, présenté par M. Riboud, député du
département de l'Ain. —12 p. in-8°; Paris,
1791.

An II   *Observations pour Thomas Riboud.* (Mémoire écrit pendant sa détention pour obtenir

sa mise en liberté.) — 12 p. in-4°; St-Claude, an II.

An V   *Thomas Riboud, commissaire du pouvoir exécutif près l'administration centrale du département de l'Ain, aux commissaires près les administrations municipales.* (Appel à la concorde et à la modération.) — 4 p. in-fol.; Bourg, an V.

An VIII Corps législatif. Conseil des Cinq-Cents. *Opinion de Thomas Riboud sur le projet de résolution relatif à l'École polytechnique.* — 16 p. in-8°; Paris, imprimerie nationale, an VIII.

An VIII Corps législatif. Commission du conseil des Cinq-Cents. *Vues et projet de résolution présentés par Thomas Riboud sur les moyens de rendre les incendies plus rares et moins funestes.* — 134 p. in-8°; Paris, imprimerie nationale, brumaire an VIII.

An VIII *Lettre de Thomas Riboud, député de l'Ain, membre du conseil des Cinq-Cents, à un fonctionnaire public de ce département.* Explication de la conduite à l'égard de Groscassand-Dorimont. (V. la Notice biographique, page 21. — 8 p. in-8°; Paris, an VIII.

An IX   *Le président du tribunal criminel du département de l'Ain, aux maires et adjoints des communes du même département.* (Circulaire pour réprimer la délivrance complaisante de certificats de maladie aux membres du jury.) — 4 p. in-4°; Bourg, an IX.

An IX   *Observations sur les contributions du dé-*

partement de l'Ain par le citoyen Th. Riboud.
— 8 p. in-4°; Bourg, an IX.

An XI *Extrait et fragments d'observations sur quelques points de la procédure et de la législation criminelle, par Th. Riboud, procureur du tribunal criminel de l'Ain, membre associé de l'Institut national.* (Chaleureuse péroraison contre l'échafaud et la guillotine.) — 4 p. in-4°, formant supplément au Journal de l'Ain du 5 brumaire an XI.

An XII *Discours prononcé lors de la prestation du serment des généraux Valette et Roize, nommés membres de la Légion-d'Honneur.* — Journal de l'Ain du 8 pluviôse an XII.

1808 *Rapport fait au nom de la commission de législation sur le titre II du livre II du Code d'instruction criminelle.* — 40 p. in-8°; Paris, 1808.

1810 Autre *Rapport sur le deuxième projet de loi formant le livre II du Code pénal.* — 24 p. in-8°; Paris, 1810.

1810 Autre *Rapport sur le projet de loi concernant les expropriations pour cause d'utilité publique.* — 28 p. in-8°; Paris, 1810.

1812 *Notice concernant Th. Riboud, candidat au Corps législatif.* — 4 p. in-folio; Bourg, 1812.

1813 *Discours prononcé au Corps législatif par M. le chevalier Riboud, en faisant hommage d'un ouvrage de droit par le docteur Arnold, de Strasbourg.* — 8 p. in-8°; Paris, 1813.

1813 *Considérations sur la confection d'un Code rural.* — 124 p. in-12; tiré à part du J. de la Société d'Emulation. Ouvrage refondu en 1826.

1814 *Discours prononcé à la Chambre des Députés le 8 juillet* 1814. (Proposition d'indemniser les pays qui ont souffert de l'invasion des armées étrangères.) — 40 p. in-8°; Paris, 1814.

1814 · Autre *Discours prononcé le* 30 *août* 1814 *sur le projet de loi relatif aux finances.* (Contre la proposition d'aliéner 300,000 h. de bois.) — 48 p. in-8°; Paris, 1814.

1814 *Rapport fait à la Chambre des Députés le* 17 *octobre* 1814 *par M. le chevalier Riboud, sur le projet de loi relatif à la circonscription du pays de Gex et au département du Mont-Blanc.* — 28 p. in-8°; Paris, 1814.

1814 *Discours prononcé le* 23 *décembre* 1814 *à la Chambre des Députés sur le projet de loi relatif à la cour de cassation.* — 36 p. in-8°; Paris, 1814.

1815 *Observations soumises à la Chambre des Représentants sur une réclamation contre les opérations du collège électoral du département de l'Ain, adressée à la Chambre le 3 juin, par M. Gauthier (de l'Ain).* — 8 p. in-4°; Paris, 8 juin 1815.

1815 *Note additionnelle sur les élections de l'Ain.* — 4 p. in-4°; Paris, 1815.

● 1826 *Observations sur la confection d'un Code*

rural en France. — 80 p. in-8°; tiré à part de l'Annuaire de l'Ain pour 1826.

Manuscrits.

1780? *Dictionnaire de jurisprudence.* — 200 p.

1781 *Réquisitoire contre l'inhumation dans l'église de Pont-de-Vaux et dans la petite rue voisine.* — 8 p.

1782 *Mémoire pour les officiers du bailliage de Bresse contre M. le marquis d'Apchon, demandeur en cassation de l'arrêt du parlement de Dijon, rendu le 26 juin 1782.* — 14 p.

1783 *Réquisitoires contre des charlatans exerçant à Bourg.* — 12 p.

1785 Autre *Réquisitoire contre un empirique exerçant à Pressiat et dans les paroisses voisines.* — 6 p.

1783 *De l'amour des Sciences et des Lettres considéré dans le magistrat. — Discours lu à la rentrée du présidial en 1783.* — 16 p.

1784 *Sur les commissaires aux droits seigneuriaux.* — 18 p.

1785 *Droit de leyde perçu par les religieux de Brou. Observations du subdélégué dans l'affaire agitée entre eux et les officiers municipaux de la ville de Bourg.* — 16 p.

1789 *Discours prononcé à l'audience du bailliage de Bourg, le 28 février 1789, pour l'enregistrement des lettres de convocation aux Etats-Généraux du royaume.* — 10 p.

1789 *Journal des opérations de MM. Bergier, Durand et Riboud, députés des municipalités de Bresse par délibération* (imprimée) *du* 31 *août* 1789. — (Mission dans le Bugey et le pays de Gex, relative aux subsistances.) — 18 p.

1789 *Discours prononcé à la rentrée du bailliage de Bourg le* 30 *novembre* 1789, *sur les décrets de l'Assemblée nationale concernant l'administration de la justice.* — 12 p.

1790 *Discours prononcé à l'assemblée des citoyens actifs, tenue au palais le* 25 *janvier* 1790, suivi des deux *Discours prononcés le* 31 *janvier*, le premier *pour la clôture de l'assemblée*, et le second *lors de la prestation de serment des officiers municipaux en l'église collégiale.* — 16 p.

1790 *Discours prononcé à l'assemblée des électeurs, le* 18 *mai* 1790, *après mon élection à la place de procureur général syndic.* — 4 p.

1790 *Adresses des électeurs au Roi et à l'Assemblée nationale, le* 21 *mai* 1790. — 4 p.

1790 *Observations présentées à l'assemblée administrative sur quelques objets relatifs aux finances et impositions.* — 12 p.

1791 *Discours prononcé à l'ouverture de l'assemblée des électeurs, réunis le* 6 *février* 1791, *pour procéder au choix d'un évêque.* — 8 p.

1791 *Instruction publique. Observations lues au comité le* 7 *novembre* 1791. — 8 p.

1791 *Motion à l'Assemblée nationale relativement*

au cabinet d'histoire naturelle de M. Le Vaillant. — 10 p.

An III	*Discours relatif à ma nomination de procureur général syndic pour la deuxième fois, en floréal an III, par les représentants du peuple Borel et Boisset.* On lit en marge : *Nota.* Ce Discours ne fut pas prononcé.

An VIII.	*Rentes dues à la nation. Notes sur une ressource importante et prompte, par Thomas Riboud, député de l'Ain.* (Proposition adoptée par le Corps législatif le 21 nivôse.) — 4 p.

An VIII	*Observations sur quelques rectifications importantes de limites entre le département de l'Ain, du Jura et de Saône-et-Loire.* — 4 p.

An IX ?	*Observations sur la proposition de l'ambulance des tribunaux criminels.* — 12 p.

An X.	*Observations sur le projet de loi concernant les manufactures* (projet soumis à la Société d'Emulation). — 4 p.

1810	*Notes sur la nouvelle organisation judiciaire* (adressées au ministre) *par M. Riboud, membre du Corps législatif et de la commission de législation.* — 8 p.

1816	*Examen d'une question qui intéresse en ce moment les propriétaires et les cultivateurs.* (Réquisitions militaires.) — 30 p.

Ce Mémoire fut adressé à la Chambre des Députés au nom de la Société d'Emulation.

GÉNÉALOGIE.

AVERTISSEMENT.

———

Cette Généalogie, comprenant les ascendants et les descendants du président Riboud, est spécialement écrite pour les membres actuels de sa famille, qui, du reste, seront les principaux lecteurs du présent volume.

Trois générations composent aujourd'hui la lignée du président : ses enfants, dont trois vivent encore ; ses petits-enfants, au nombre de onze, et ses arrière-petits-enfants, au nombre de vingt-quatre. Bientôt une quatrième génération va se produire.

A partir de la seconde, j'ai désigné chaque rejeton par un seul prénom, celui qu'il porte habituellement, et je me suis abstenu de donner la date de la naissance, pour ne pas être indiscret. D'ailleurs il faut bien laisser quelque chose à faire aux d'Hoziers futurs de la famille.

Ph. L.

GÉNÉALOGIE DU PRÉSIDENT RIBOUD.

———ⴰⴰ⸱ⴰⴰ———

Philippus Riboudi,

Miles.

Le chevalier Philippe Riboud et sa femme
Isabelle *(dominus Philippus Riboudi miles et
domina Isabella ejus uxor)* vivaient en 1303.
Voyez l'article intitulé : *Un vieux parchemin,*
dans mes *Papiers curieux d'une famille de Bresse.*
La filiation est inconnue jusqu'à André Ribaud.

—

André Ribaud.

André Ribaud, père de Michel qui suit, vivait
à la fin du XVe siècle. Il était parent de *noble
Péronnette Riboudi,* mariée en premières noces
avec un cousin dont elle eut un fils nommé Urban
Ribod, qui fut père de Jean Ribod, le juge mage
de Bresse, dont j'ai fait connaître le mobilier dans
mes *Papiers curieux d'une famille de Bresse.*
André Ribaud était aussi parent de Claude Ribod,
de Montluel, qui prit possession, au nom de son
fils messire Jean Ribod, de l'église de St-Hilaire
de Courtoux. Voyez *Prise de possession et acen-
sement d'une église de Campagne en* 1550 dans
les mêmes *Papiers curieux.*

Michel Ribaud.

Michel Ribaud, bourgeois de Pont-d'Ain, fils d'André, mourut en 1558, laissant sept enfants qu'il eut de son mariage avec Claude Vallur : — 1° messire Jehan Ribaud, prêtre du Pont-d'Ain ; 2° Humbert ; 3° Anthoyne qui suit ; 4° Mathieu ; 5° Didier, mort sans enfant en 1551 ; 6° Pierre ; 7° Loyse.

On voit dans l'histoire de la Chambre des Comptes de Savoie qu'un Riboud, domicilié à Chambéry, prêta foi et hommage, lors de la conquête du pays par les Français. Il y a aussi une famille Riboud à Besançon, qui était dans le Parlement ; une autre famille à Poncin, et d'autres à Lyon, à Neuville-sur-Saône et à Châtillon-lès-Dombes, venant de Pont-d'Ain et Poncin. Toutes ces familles paraissent avoir une origine commune et sortir de Michel Riboud ou Ribaud (1).

—

Anthoyne Ribaud.

Anthoyne Ribaud, fils de Michel, se maria en secondes noces le 13 novembre 1577 avec honorable Jane Luquin, de Cerdon, et mourut vers

—

(1) Il existe encore des Ribod en Bugey ; mais ceux ci paraissent nous être tout-à-fait étrangers. Une famille de terrassiers, établie à Lent, porte aussi le nom de Riboud : elle est originaire d'Auvergne.

1588, laissant cinq enfants : — 1º Mya, mariée à Pierre Roux ; — 2º Jacob qui suit ; — 3º George, qui épousa Claudine Bricard dont il eut deux fils : Claude et Justinien Ribaud ; 4º Lucresse ; 5º George. L'une de ces deux dernières épousa *noble Anthoyne de la Serre dit de la Forêt.*

—

Jacob Ribod.

Jacob Ribod, fils d'Anthoyne, né en 1578, se maria trois fois : — le 4 juin 1591 avec Judith Decroso, — le 11 juillet 1609 avec Jacqueline Poncet, et — le 1er avril 1619 avec Marguerite Jordain. Il avait à peine quatorze ans lors de son premier mariage. Par cette union précoce, ses parents voulaient sans doute le soustraire aux chances de la guerre. On sait que les dernières années du XVIe siècle furent une époque de troubles continuels pour notre pays.

Il mourut le 26 novembre 1637. L'inventaire de ses biens, commencé le surlendemain, fut interrompu du 5 décembre 1637 au 29 décembre 1638, *à cause des logements des gens de guerre audict Pontdains, passage de l'armée et absence du sieur Esprit Samet, fermier tant du marquisat de Treffort que du chasteau dudict Pontdains, dans lequel chasteau ladicte veuve nous a déclairé cy-devant avoir reffugié un coffre bois noyer...* Ce coffre contenait le meilleur linge et quelques bijoux. On voit par-là qu'en temps de guerre les constructions féodales n'étaient pas sans utilité pour leur voisinage.

Jacob eut deux enfants de sa première femme : Isaac et Anthoynette. On ignore s'il en eut de la seconde. La troisième le rendit quatre fois père : — 1º de Philippe qui suit; 2º de Claude; 3º de Renée; — 4º de Françoyse.

—

Philippe Riboud.

Philippe Riboud, fils de Jacob, avait au plus vingt-trois ans lorsqu'il se maria, le 27 janvier 1643, avec *honeste Janne, fille de mestre Nathaniel Decroso, notaire royal, bourgeois de Pontdains.* La mariée ne put signer le contrat, elle ne savait pas écrire. Philippe laissa quatre enfants : — 1º Claude-François qui suit; — 2º Françoise, mariée à Pierre Bricaud; — 3º Marie, qui épousa en juillet 1668 André Perret, bourgeois de Pont-d'Ain; — 4º Claudine, mariée en novembre 1672 avec Charles Ravet, bourgeois de Druillat.

Du mariage de Marie Riboud avec André Perret naquirent trois enfants :

1º Claude-François Perret qui eut de sa femme Claudine Durand deux filles : Marie-Marguerite, mariée à Jean-Claude Périer, et Claudine-Philiberte, religieuse hospitalière, et deux fils : Jérôme Perret, père du notaire de Pont-d'Ain, Marie-Benoît, mort en 1815, et Claude Perret, père — 1º d'une fille mariée à M. Frilet, laquelle eut pour fils M. Frilet, conseiller; — 2º d'une autre fille mariée à M. Faguet de Villes; — 3º d'une troisième, célibataire; — 4º et de M. François Perret, ex-receveur des aides, retiré avec sa mère à La

Roche Guillebaut (Allier). Le président Riboud
était en correspondance avec M. François Perret
qui le qualifiait de *cher parent*, et Mme Riboud
songea un instant à user de l'hospitalité que
M. Perret lui offrit en 1815.

2° Marie Perret, née le 8 août 1677, femme
de Me Anthelme Bottex, notaire de Neuville-sur-
Ain.

3° Jeanne-Marie Perret, née le 12 mars 1680,
mariée à M. Jean Fructus, de La Chapelle.

—

Claude-François Riboud,

Maître de poste.

Claude-François Riboud, maître de poste, fils
de Philippe, naquit en 1658 et se maria deux fois :
la première, au mois d'avril 1688, avec Marie-
Marguerite Guichenon, très-belle personne, fille
de l'avocat Daniel, petite-fille du médecin Daniel,
frère de l'historien, et par conséquent petite-nièce
de l'historien ; la seconde, avec Marie-Elisabeth
Ravier.

La famille Riboud, noble à son origine, avait
dérogé en se livrant au commerce pendant plusieurs générations. Claude-François, assez riche
pour vivre du produit de ses biens et de son brevet
de maître de poste, remit au jour ses armoiries.
Voyez dans mes *Papiers curieux d'une famille de
Bresse* les articles intitulés : *Un brevet de maître
de poste du temps de Louis XIV* et *Enregistrement
d'armoiries*.

Claude François, homme d'une intelligence et d'une instruction remarquables, mourut après 1726. Il avait eu dix enfants de Marie-Marguerite Guichenon qui succomba en donnant naissance au dixième. Voici le dénombrement de ces dix enfants :

1° Jean-Bernard, syndic général du Tiers-Etat de Bresse, maire de Bourg, né à Pont-d'Ain le 1er mars 1689, marié le 29 avril 1714 avec Marie-Marguerite Curtil, fille de l'ancien greffier de l'officialité, mort le 15 décembre 1752, ne laissant qu'une fille, religieuse au couvent de St-Amour. Il est qualifié de *noble* dans l'extrait de naissance de son filleul et neveu Jean-Bernard et dans plusieurs autres actes. Voyez sa biographie dans l'article : *Deux actes d'émancipation* de mes *Papiers curieux.*

2° Marguerite, née le 2 juin 1690, mariée en avril 1716 avec M. Rouyer qui appartenait à une ancienne famille bourgeoise d'Ambronay. Elle eut une fille mariée à M. Cozon, avocat, et pour petits-fils MM. Cozon, l'un magistrat, l'autre (le chevalier Jérôme Cozon), banquier à Lyon et consul général de Sardaigne, et M. Jean-Baptiste Rouyer, président du tribunal de Nantua, auteur de deux opuscules : *Instructions sur les états provinciaux du Bugey* et *Notice historique sur la ville de Nantua.* Le président Riboud était en correspondance avec ces trois cousins qui le traitaient toujours de *très-cher parent et ami.*

3° Hiérosme, né à Pont-d'Ain le 19 juillet 1691.

4° Thomas qui suit.

5° Philippe, religieux capucin sous le nom de

frère Archange, né à Pont-d'Ain le 23 septembre
1693, fit à Dijon donation de ses biens en 1714.

6° Daniel, né le 14 avril 1695.

7° Claudine-Marie, née en septembre 1696.

8° François, né le 19 décembre 1697.

9° Marie-Joseph, né le 13 avril 1699.

10° Marie-Magdeleine, née le 6 novembre 1700,
morte le 6 juillet 1704.

—

Thomas Riboud,

Syndic général.

Thomas Riboud, conseiller de Bresse et syndic
général du Tiers-Etat, né à Pont-d'Ain le 12 août
1692, marié en premières noces, le 22 juin 1722,
avec Marie-Philiberte Guedon, fille d'un conseiller, morte le 29 août 1724, et en secondes noces,
le 3 mars 1726, avec Marie-Anne Chambard, fille
d'un conseiller enquêteur du bailliage (1), morte
le 24 novembre 1776. Il mourut lui-même le 23
avril 1761. Il est qualifié de *noble* dans plusieurs
actes. Voyez les *Deux actes d'émancipation* et les
Provisions du juge dans mes *Papiers curieux*.

Sa première femme lui avait donné deux enfants qui ne vécurent pas : Marie-Marguerite, née
le 2 mai 1723, et Marie-Basile-Françoise, née le
8 août 1724.

Il en eut sept de la seconde, à savoir :

(1) Ce conseiller était arrière-petit fils d'un député aux
Etats Généraux de 1614.

1° Claude-François (Riboud d'Aringe), avocat à Chambéry, né à Bourg le 1er décembre 1726, mort célibataire à Chambéry le 13 juin 1775.

2° Marie-Marguerite, née à Bourg le 5 mars 1728, morte fille le 22 février 1806.

3° Jean-Bernard (Riboud des Avinières) qui suit.

4° Marie-Elisabeth, née à Bourg le 31 mars 1731, morte fille le 2 avril 1811, à quatre-vingts ans. « Nous avons perdu en elle, écrivit le « président Riboud dans son journal, une parfaite « parente, une digne amie, dont l'esprit et le « cœur étaient aimables pour tous. Elle ne fut « jamais très-heureuse selon le monde; mais elle « sut conserver toujours sa gaieté, sa bienfaisance « et ses sentiments estimables. Elle avait avec « mon père un attachement égal à celui de deux « jumeaux, quoiqu'il y eût entre eux une année « de différence d'âge. Elle m'avait fait d'abord « son donataire entre-vifs, puis son héritier par « testament, à des intervalles éloignés. Elle n'a « cessé de prodiguer à mes enfants la tendresse « qu'elle avait eue pour mon père et pour moi. »

5° Messire Basile-Philibert, prêtre et chanoine de l'Eglise collégiale de Bourg.

6° Claude-Marie-Philippe, receveur des aides à Belabre en Poitou, puis fabricien de Notre-Dame de Bourg, né le 24 mai 1738, et mort célibataire à Bourg le 21 janvier 1808.

7° Marie-Charlotte-Philiberte, morte le 13 avril 1766.

Jean-Bernard Riboud,

Elu.

Jean-Bernard Riboud (Riboud des Avinières), conseiller du roi, élu en l'élection de Bresse, père du président, — né à Bourg le 21 janvier 1730, — marié le 19 janvier 1755 avec Marie-Pierrette Périer (1), fille de Jean-Claude Périer, officier de la chancellerie du présidial de Bourg, et de Marie-Marguerite Perret, déjà nommée à l'article de Philippe Riboud, — mort le 10 février 1791.

C'était un homme de bien et de goûts studieux. Il a laissé plusieurs manuscrits intéressants. C'est lui que j'ai mis en scène dans *l'Ancienne loge des Francs - Maçons de Bourg*. Voyez mes *Papiers curieux d'une famille de Bresse*.

Nous avons vu à l'article précédent quelle amitié touchante le liait à sa sœur Marie-Elisabeth.

Son fils, qui l'aimait et l'honorait infiniment, lui fit un jour pour sa fête ces quatre couplets :

> D'un très-bon *Jean* il faut chanter la fête ;
> De tous les *Jeans* nul ne mérite mieux
> Attachement, félicité complète,
> Et que pour lui l'on exprime des vœux.
>
> Est-il un *Jean* dont l'âme réunisse
> Plus de franchise et plus d'humanité ?

(1) Elle mourut le 18 janvier 1785 Sa sœur Marie Françoise, religieuse au *dévot monastère des révérendes dames hospitalières de Notre-Dame de Pitié de la ville de Bourg*, se consacra au service des malades, fut attachée à l'hôpital de Bourg et y mourut au mois de janvier 1812.

En est-il un que chez lui l'on chérisse
Avec autant de sensibilité ?

Bientôt du temps la fureur meurtrière
S'exercera sur de fragiles fleurs ;
Il flétrira leur beauté passagère ;
Mais le cruel ne peut rien sur nos cœurs !

Puisse donc, *Jean*, le destin favorable
A tes neveux longtemps te conserver,
Et dans trente ans nous faire retrouver
Auprès de toi, chantant ta fête à table !

M. Riboud des Avinières n'eut que deux enfants : Thomas-Philibert qui suit et Joséphine-Marie-Françoise, née à Bourg en 1764 et morte à Lyon, fille, le 15 septembre 1820.

—

Thomas-Philibert Riboud,

Président.

Thomas-Philibert Riboud, procureur du roi et subdélégué de l'intendant de Bourgogne, procureur général syndic, puis commissaire du directoire exécutif du département de l'Ain, député à l'Assemblée législative, au conseil des Cinq-Cents, au Corps législatif et à la Chambre des Députés, président du tribunal criminel de l'Ain et de la cour royale de Lyon, chevalier de l'Empire, officier de la Légion-d'Honneur et membre correspondant de l'Institut, fondateur de la Société d'Emulation de l'Ain, associé à la plupart des Sociétés savantes de son temps et

auteur de nombreux écrits, — né à Bourg le 24
octobre 1775, — marié à Lyon, au mois d'août
1781 (1), avec Marie - Catherine Rocoffort, —
mort à Jasseron le 6 août 1835, et inhumé dans
le cimetière du village. Une pierre indique sa
tombe.

Sa veuve, née le 10 novembre 1763, décédée
à Jasseron au mois de mai 1838 et inhumée près
de lui, était fille — d'Antoine Rocoffort, riche
négociant de Lyon, lequel était frère de M. Rocoffort de Vimiairaz, anobli par l'échevinage, dont
un descendant vient d'épouser Mlle Yéméniz, —
et de Marie-Jeanne Pitiot, dont une sœur épousa
M. Balland de Chamburcy.

M. Antoine Rocoffort, veuf depuis le 16 juillet
1787, mourut le 14 juillet 1798 et laissa onze
enfants; il en avait eu douze :

1° Antoine, négociant à Marseille, qui a eu
lui-même plusieurs enfants.

2° Charles-Nizier, aussi négociant à Marseille,
père de Charles, capitaine au long cours, de
Gonzalgue, jésuite, et d'Augustine, fondatrice
d'une maison chrétienne à Fourvières.

3° François-Agathe, dit *Sainte-Agathe*, marié
à Marie-Catherine-Octavie Cantarelle de Dom-
martin, veuve Laval, dont il eut une fille, Zoé,
qui épousa M. Hippolyte Cullet, fils de M. Cullet
de Montarfier, ancien conservateur des forêts.
Du mariage de Mlle Zoé avec M. Cullet sont issus :
Anthelme Cullet, marié à Louise Garin de la

(1) Le contrat est du 4 août. La date du 21 avril, insérée
dans mon opuscule : *Thomas Riboud et la Société littéraire de
Lyon*, est inexacte.

Morflans, et Octave Cullet, capitaine d'infanterie, décoré de la croix de la Légion-d'Honneur, de la croix du Medjidié et de la médaille de Crimée. — La femme de M. Sainte-Agathe avait eu de son premier mari deux fils et deux filles, dont l'une épousa Joachim Rocoffort et l'autre M. Duport.

4° Jean-Marie-Joseph, dit *Ste-Marie*, employé des douanes.

5° Jean-François, dit *Saint-Sauveur*, colonel et chevalier de Saint-Louis, mort célibataire.

6° Joachim, marié à Mlle Laval, dont il eut : 1° Agathe, mariée à M. André Morel, juge à Montbrison, desquels sont nés une fille (Constance), morte à dix-huit ans, et deux fils, Elie et Gabriel; — 2° Octavie, morte jeune fille; — 3° Louise, mariée à M. Jalabert, morte sans enfant.

7° Louise-Agathe, morte fille après 1835.

8° Marie-Julie, morte fille le 15 septembre 1820.

9° Lucie, morte à Fontaine le 16 décembre 1796, à l'âge de 16 ou 17 ans.

10° Marguerite Clotilde, mariée à M. Saunier. Leur fille Edma épousa M. Trimolet, célèbre peintre lyonnais; et leur unique petite-fille s'est mariée en 1860 avec M. de la Chapelle, du Forez.

11° Marie-Catherine, la femme du président Riboud.

12° Marie-Charlotte, mariée à Bourg, en 1783, avec M. Gaillard, avocat. De ce mariage est née une fille, nommée Joséphine, veuve aujourd'hui de M. Marc-Antoine Puvis, célèbre agronome. M. et Mme Puvis ont eu deux fils : Gabriel et Charles, qu'ils ont perdus, l'un très-jeune et l'autre à trente-trois ans. Ce dernier, marié avec

Mlle de Toytot, de Dôle, décédée elle-même deux ans après, a laissé une orpheline, Gabrielle, élevée par son aïeule.

Les familles Rocoffort et Pitiot étaient alliées aux familles Sauvage, des Albons, de Chamburcy, de Belle-Cise, Milanais, d'Arnas et d'Herculey.

Le président Riboud était aussi traité de cousin par M. Demarest, de Saint-Trivier-de-Courtes, et par le marquis de Varambon.

Il a eu huit enfants, tous nés à Bourg, sauf le dernier.

1° Jean-Bernard, conseiller à la cour royale de Lyon, né le 1er août 1782, non marié, chevalier après son père, mort de la goutte le 25 mai 1848. C'était un esprit exalté, mais très-cultivé, surtout en histoire et en géographie. Il savait l'italien et l'espagnol; il avait parcouru en touriste toute la France et l'Italie. Quoique élève de Lalande (il avait terminé chez lui ses études), il vécut toujours chrétiennement.

2° Agathe-Antoinette, dite *Tonie*, — née le 13 juillet 1785, — mariée le 20 janvier 1803 avec Louis-Sébastien Du Bouloz, propriétaire à Thonon, veuf de Mlle Favier, sœur de Mme Rouph et tante de Mme De Bons, de Ceyzérieu, — décédée le 22 avril 1808. De ce mariage sont nés : 1° Victorine, veuve aujourd'hui de Charles Carron du Villards, célèbre oculiste, mort au Mexique en 1860, comblé d'honneurs et couvert de décorations. Elle a perdu ses deux fils, Ernest et Léon, deux jeunes gens très-heureusement doués. L'aîné, officier au service du Piémont, fut blessé à la bataille de Novarre. — 2° Ernest, ancien syndic de Thonon, chevalier des SS. Maurice et Lazare, marié à

Mlle Dupas, dont il a deux fils, beau-frère des propriétaires du château de Ripaille.

3° Jeanne-Josephe-Elisabeth, dite *Elisa,* née le 6 janvier 1787, veuve aujourd'hui d'Antoine-Alexis Le Duc, conservateur des forêts à Montpellier, héritière des charmantes qualités de sa marraine et grand-tante Marie-Elisabeth, mère : 1° d'Aymé Le Duc, président du tribunal de Trévoux, marié à Mlle Sophie Falconnet, sœur du conseiller à la cour de Paris, de laquelle il a une fille unique qui porte l'heureux nom d'Elisabeth ; 2° de Philibert Le Duc (celui qui écrit ces lignes), inspecteur des forêts à Belley, marié à sa cousine, Léonie de Jotemps, de laquelle il a quatre enfants : Thérèse, Marc, Julien et Stéphanie.

4° Marie-Josephe-Etiennette, dite *Stéphanie,* née le 9 avril 1788, mariée le 24 avril 1813 au comte Gaspard Perrault de Jotemps, chevalier de la Légion-d'honneur, ancien officier de marine, ancien receveur particulier des finances à Gex, ancien membre du conseil général d'agriculture, auteur de plusieurs ouvrages, beau-frère de feu le comte de Budé, qui fut propriétaire du château de Ferney avant et après Voltaire. M. et Mme de Jotemps habitent aujourd'hui leur terre de Feuillasse ; ils ont cinq enfants : 1° Hélène, veuve de Prosper d'Hauteville ; elle vit à Mâcon avec sa fille unique Marie-Thérèse. 2° Ernest, le futur comte de Jotemps, maire de Curtil-sous-Burnand dans le Mâconnais, résidant au château de la Serrée, marié à Victorine, fille du marquis d'Autume, de laquelle il a deux fils, Stanislas et Edmond. 3° Léonie, nommée plus haut. 4° Gabrielle, mariée à Jules Harent ; ils passent l'hiver à Genève et l'été dans leur château de Grilly avec quatre enfants : Stéphane, Blanche, Sophie et Paul. 5° Le vicomte Emmanuel, fixé à Lyon, marié en 1860 à Louise Gombaud, de laquelle il a une fille nommée Arthémine.

5° Marie-Jeanne-Josephe, dite *Mariette*, née le 6 août 1789, mariée à M. Robert du Costal, sous-intendant militaire à Nevers, morte du choléra ainsi que son mari en 1832. M. et Mme Robert eurent trois fils : Charles, Francisque et Albert. Charles, le seul vivant, est chef du bureau des archives de la préfecture de la Seine; il a épousé à Bourg Frédérica Demouy, fille d'un sous-intendant militaire, et il a d'elle quatre enfants : Marie, Edouard, Hugues et Léon.

6° Magdeleine-Philippe qui suit :

7° Agathe-Julie, dite *Septimie* (septième), née le 24 juin 1795, morte le 15 septembre de la même année.

8° Gabrielle-Antoinette *Octavia* (huitième), née à Jasseron le 12 juin 1801, veuve de Jules Grognet, avocat, mère d'Edmond et d'Elodie, morts adolescents. Elle habite Pont-de-Vaux l'hiver et Reyssouze pendant la belle saison.

—

Magdeleine-Philippe Riboud,

Capitaine.

Magdeleine-Philippe Riboud, né à Bourg le 2 janvier 1792, entré à l'Ecole de Saint-Cyr le 4 octobre 1809, sous-lieutenant au 16e régiment

d'infanterie le 18 mai 1811, lieutenant le 1er avril
1813 au 105e, et promu au grade de capitaine-
adjudant-major le 22 août de la même année et
dans le même régiment, présent aux batailles de
Fleurus et Ligny, blessé grièvement (bras gauche
fracassé par un biscaïen) à la bataille désastreuse
de Waterloo le 18 juin 1815, commandant de la
garde nationale de Bourg, chevalier depuis la
mort de son frère, décoré de la croix de la Légion-d'Honneur par le président de la République
lors de son passage à Bourg, marié en premières
noces, le 28 août 1821, avec Isaure Alesmonières,
de Montluel, et en secondes noces, avec Virginie
Puvis, sœur du célèbre agronome, veuve de M. de
Monicault ; — mort à Bourg le 10 avril 1859.

Son fils unique, Alexandre, né de son premier
mariage, héritier du titre de chevalier, a épousé,
en premières noces, Louise de Monicault, fille
de sa belle-mère, de laquelle il a trois enfants :
Camille, Alice et Thomas ; et, en secondes noces,
Marie de Finance, de laquelle il a deux enfants :
Isaure et George.

Belley, 1er décembre 1861.

TABLE.

VIE.

POÉSIES.

CATALOGUE.

GÉNÉALOGIE.

PUBLICATIONS DE M. PHILIBERT LE DUC.

─────

──○──

www.ingramcontent.com/pod-product-compliance
Lightning Source LLC
Chambersburg PA
CBHW072114090426
42739CB00012B/2969